DANS LA MÊME COLLECTION

ANTIQUITÉ

CONTES ET LÉGENDES DE **BABYLONE** ET DE **PERSE**, par P. Grimal, ill. de R. Péron.
ÉPISODES ET RÉCITS **BIBLIQUES**, par G. Vallerey, ill. de J. Pecnard.
CONTES LÉGENDES DE L'**ÉGYPTE ANCIENNE**, par M. Divin, ill. de D. Dupuy.
CONTES ET RÉCITS TIRÉS DE L'**ÉNÉIDE**, par J. Chandon, ill. de R. Péron.
RÉCITS TIRÉS DE L'**HISTOIRE GRECQUE**, par M. Desmurgers, ill. de J. Pecnard.
RÉCITS TIRÉS DE L'**HISTOIRE DE ROME**, par J. Defrasne, ill. de Vayssières.
RÉCITS TIRÉS DE L'**HISTOIRE DE BYZANCE**, par J. Defrasne, ill. de Ph. Degrave.
CONTES ET RÉCITS DE L'**ILIADE** ET DE L'**ODYSSÉ** par G. Chandon, ill. de R. Péron.
CONTES ET LÉGENDES DU **MONDE GREC ET BARBARE**, par L. Orvieto, ill. de C. Dey
RÉCITS DU **TEMPS D'ALEXANDRE**, par P. Grimal, ill. de R. Péron.
RÉCITS TIRÉS DU **THÉATRE GREC**, par G. Chandon, ill. de C. Dey.
CONTES ET LÉGENDES **MYTHOLOGIQUES**, par E. Genest, ill. de R. Péron.
CONTES ET LÉGENDES DE LA **NAISSANCE DE ROME**, par L. Orvieto, ill. de R. Péron.
CONTES ET LÉGENDES DES **VIKINGS**, par A. Boucher, ill. de R. Péron.

HISTOIRE

CONTES ET LÉGENDES DES **CROISADES**, par M. Toussaint-Samat, ill. de R. Péron.
CONTES ET LÉGENDES DU **MOYEN AGE**, par M. et G. Huisman, ill. de Beuville.
ÉPISODES ET RÉCITS DE **LA RENAISSANCE**, par J. Defrasne, ill. de Marcellin.
CONTES ET LÉGENDES DU **GRAND SIÈCLE**, par Quinel et de Montgon, ill. de D. Dupuy.
RÉCITS DE LA **RÉVOLUTION FRANÇAISE**, par M. et G. Huisman, ill. de P. Noël.
ÉPISODES ET RÉCITS DU **PREMIER EMPIRE**, par D. Sorokine, ill. de P. Noël.

PROVINCES DE FRANCE

CONTES ET LÉGENDES D'**ALSACE**, par E. Hinzelin, ill. de Beuville.
CONTES ET LÉGENDES D'**AUVERGNE**, par J. Levron, ill. de R. Péron.
CONTES ET LÉGENDES DE **BOURGOGNE**, par Perron-Louis, ill. de R. Péron.
CONTES ET LÉGENDES DE **BRETAGNE**, par J. Dorsay, ill. de R. Péron.
CONTES ET LÉGENDES DE **CORSE**, par Ch. Quinel et A. de Montgon, ill. de H. Faivre.
CONTES ET LÉGENDES DU **DAUPHINÉ**, par L. Bosquet, ill. de Beuville.
CONTES ET LÉGENDES DE **FLANDRE**, par A. de Lauwereyns de Rosendaele, ill. de Ph. Degrave
CONTES ET LÉGENDES DE **FRANCHE-COMTÉ**, par J. Defrasne, ill. de Beuville.
CONTES ET LÉGENDES DE **GASCOGNE**, par F. Pezard, ill. de R. Péron.
CONTES ET LÉGENDES DU **LANGUEDOC**, par M. Barral et Camproux, ill. de Vayssières.
CONTES ET LÉGENDES DE L'**ORLÉANAIS**, par J.H. Bauchy, ill. de Beuville.
CONTES ET LÉGENDES DE **LORRAINE**, par L. Pitz, ill. de Ph. Degrave.
C. ET LÉG. DE **PARIS** ET DE **MONTMARTRE**, par Quinel et de Montgon, ill. de Beuville.
CONTES ET LÉGENDES DU **PAYS BASQUE**, par R. Thomasset, ill. de Sainte-Croix.
CONTES ET LÉGENDES DU **PAYS NIÇOIS**, par J. Portail, ill. de G. Valdes.
CONTES ET LÉGENDES DE **NORMANDIE**, par Ph. Lannion, ill. de Beuville.
CONTES ET LÉGENDES DE **PICARDIE**, par A. Chassaignon, ill. de Ph. Degrave.
CONTES ET LÉGENDES DE **PROVENCE**, par M. Pézard, ill. de Beuville.
CONTES ET LÉGENDES DE **SAVOIE**, par J. Portail, ill. de Saint-Justh.

(suite page 256)

COLLECTION DES CONTES ET LÉGENDES DE TOUS LES PAYS

CONTES ET LÉGENDES
DU
MOYEN AGE

PAR

MARCELLE ET GEORGES HUISMAN

ILLUSTRATIONS DE BEUVILLE

FERNAND NATHAN, ÉDITEUR - PARIS
18, RUE MONSIEUR-LE-PRINCE, 18 (VIe)
281-122

A nos chers petits
Jean-Claude et Philippe

AVANT-PROPOS

A NOS JEUNES LECTEURS

Les belles histoires que nous avons entrepris de vous conter sont aussi vieilles que les plus vieilles pierres de notre pays. Elles ont été récitées et chantées tout au long des chemins qui conduisaient les pèlerins de France, le baluchon sur le dos et le grand bâton à la main, en Terre Sainte, à Rome, à Saint-Jacques de Compostelle, au Mont-Saint-Michel du Péril-de-la-Mer. On les répétait à l'étape dans les vastes abbayes où les voyageurs se reposaient. Elles ont fait la joie des étudiants et des clercs qui peuplaient les Universités, et qui se divertissaient d'anecdotes réjouissantes, soit qu'ils attendissent, assis sur leurs bottes de paille, la leçon du maître à la mode, soit qu'ils fussent attablés à boire des pintes de bon vin dans les tavernes de leur temps.

*Ces belles histoires, les chanteurs populaires du Moyen Age les ont colportées à travers les châteaux, les tournois et les foires; les croisés du XIII*e *siècle les ont redites sous la tente et elles firent aussi le contentement des rudes hommes d'armes qui combattaient durant la guerre de Cent ans.*

On les a copiées sur des manuscrits de parchemin ornés de délicates miniatures; les sculpteurs s'en sont inspirés au portail des cathédrales gothiques; les verriers les ont enchâssées dans les vitraux éblouissants qui sont la parure de nos églises, et les peintres en ont fait des compositions si touchantes qu'au bout de cinq siècles elles ébranlent encore le plus profond de notre sensibilité.

Ces belles histoires, vous les aimerez, car elles portent en elles tous les parfums de notre vieille terre de France. Vous y retrouverez les vertus héroïques des paladins qui entouraient Charlemagne et celles des robustes barons qui bataillèrent sans fin pour arracher notre pays aux infidèles du Nord et du Sud.

Vous y retrouverez la gentillesse et la courtoisie des chevaliers valeureux qui avaient su imposer à tous le respect des femmes et des faibles. Vous y retrouverez l'esprit et la turbulence des écoliers français qui, à toutes les époques de notre histoire, se complurent au travail et à la joie.

Vous y retrouverez, comme dans un miroir, estompé sans doute mais toujours fidèle, les visages de vos aïeux.

MARCELLE ET GEORGES HUISMAN.

DEUX BELLES HISTOIRES D'AMOUR

Aucassin et Nicolette

VOULEZ-VOUS entendre l'histoire de deux beaux enfants, Nicolette et Aucassin? Mon récit est si doux et si plaisant, qu'il saurait guérir les malades et donner des trésors de gaîté aux gens faibles ou attristés.

Le comte Bongart de Valence faisait au comte Garin de Beaucaire une guerre mortelle et ravageait tout le pays avoisinant. Or, le comte Garin de Beaucaire était vieux et faible. Il n'avait qu'un seul héritier, un bel enfant du nom d'Aucassin, blond, élégant, les yeux vifs et rieurs.

Mais cet Aucassin avait le cœur si rempli d'amour qu'il ne voulait consentir, ni à être sacré chevalier, ni à manier les armes, ni à combattre dans les tournois. En vain ses parents lui disaient :

– Aucassin, prends tes armes, va défendre ta terre et porter aide à tes vassaux.

– Père, répondait Aucassin, donnez-moi en mariage Nicolette, ma douce amie. Alors, vous me verrez combattre.

– Or çà, mon fils, Nicolette est une pauvre captive achetée aux Sarrasins. Le vicomte de Beaucaire l'a élevée comme sa filleule, il lui trouvera un bon mari. Mais toi, des comtes, des rois seraient fiers de te donner leur fille !

– Mon père, il n'y a pas au monde si beau titre que mon amie Nicolette ne soit digne de porter, fût-ce même impératrice, reine de France ou d'Angleterre.

Le comte Garin n'en dit pas plus. Mais il va trouver en secret le vicomte, son vassal. Et dès le lendemain, Nicolette est enfermée dans la chambre haute d'un palais, au fond d'un grand jardin. Seule, une vieille femme demeure auprès d'elle; la porte est scellée, l'air et la lumière n'entrent que par une étroite fenêtre.

Nicolette gémit, elle songe à Aucassin, pour qui elle est ainsi prisonnière. Elle jure par le Christ qu'elle tentera de s'évader.

La nouvelle de la disparition de Nicolette se répand dans tout le pays. Les uns croient qu'elle a quitté la ville; les autres, que Garin l'a fait mettre à mort. Plein de douleur, Aucassin s'en vient trouver le vicomte de Beaucaire.

– Vicomte, qu'avez-vous fait de ma très douce amie Nicolette?

– Sire Aucassin, répond le vicomte, Nicolette n'est qu'une captive que j'ai achetée aux Sarrasins et dont je fis ma filleule. Ne vous inquiétez pas d'elle et demandez plutôt en mariage la fille d'un roi ou d'un grand seigneur. Jamais plus vous ne reverrez Nicolette. Car si vous lui parliez et que votre père l'apprît, il nous ferait brûler sur un bûcher.

– Hélas, dit Aucassin, que ma douleur est grande!

Aucassin retourne au palais de son père et se réfugie dans sa chambre pour y pleurer la disparition de Nicolette.

Or, le comte Bongart de Valence, qui a réuni l'armée de ses vassaux, la lance à l'assaut du château de Beaucaire. L'alarme est donnée. Chevaliers et sergents courent défendre les murs et les portes; à l'abri des créneaux, les bourgeois lancent sur les assaillants des carreaux d'arbalètes et des pieux aiguisés. Au plus fort de l'assaut, le comte Garin entre dans la chambre où Aucassin pleurait Nicolette, sa très douce amie.

– Hélas! mon fils, s'écrie-t-il, les ennemis attaquent ton château. Viens, tu défendras ta terre, tu aideras tes hommes, cours au combat.

– Père, répond Aucassin, je ne veux point porter les armes tant que vous ne m'aurez point donné pour femme Nicolette.

– Plutôt perdre mes biens et toutes mes richesses que vous laisser épouser cette Nicolette!

Déjà Garin s'éloigne.

– Mon père, laissez-moi vous faire une proposition. Je prendrai les armes, je combattrai nos ennemis. Mais si Dieu me ramène sain et sauf, vous me laisserez voir Nicolette, le temps de lui dire quelques mots et de lui donner un seul baiser.

Le comte promet, et déjà, tout joyeux, Aucassin revêt son armure, son casque, ceint son épée à la poignée d'or et monte sur son cheval, pour se jeter dans la mêlée.

Au milieu du combat, il se prend à penser à Nicolette, sa douce amie. Il laisse flotter les rênes sur le cou de son cheval. Les ennemis l'entourent et se jettent sur lui, lui dérobent son bouclier, sa lance, et l'entraînent loin de la bataille. Soudain, Aucassin s'éveille de sa songerie amoureuse.

– Dieu! s'écrie-t-il, mes ennemis m'entraînent. S'ils me tuent, jamais je ne verrai plus Nicolette, mon amie. J'ai encore une bonne épée et un cheval : défendons-nous pour l'amour de Nicolette!

En quelques coups d'épée, il sème le carnage autour de lui; les rangs ennemis s'écartent, effrayés, sur son passage. Il aperçoit le comte Bongart de Valence, et le frappe si rudement d'un coup d'épée que le comte en tombe à terre, étourdi. Il le relève, le fait prisonnier et l'amène, fièrement, devant le comte Garin.

– Mon père, voici cet ennemi qui depuis vingt ans s'acharne contre vous. Songez donc, maintenant, à tenir votre serment.

– Mais quelle promesse, mon fils? reprend le comte.

– Comment, mon père, auriez-vous si vite oublié une promesse qui me tient tant au cœur? Ne deviez-vous point me laisser revoir ma Nicolette?

– Moi! dit Garin, mais j'aimerais mieux être abandonné de Dieu, plutôt que de tenir cette promesse.

– Est-ce là, mon père, votre dernier mot?

– N'en doutez pas.

– Par Dieu, dit Aucassin, le cœur me fend, quand je vois un homme de votre âge manquer à sa parole.

Plein de tristesse, il se retourne alors vers le comte Bongart.

– Comte de Valence, vous êtes mon prisonnier. Je vous délivre sans condition. Et vous pourrez désormais faire à mon père tous les torts et dommages que vous voudrez.

★

Quand le comte Garin comprend que jamais Aucassin ne pourra se détacher de Nicolette, il l'enferme dans une prison souterraine, aux murs de marbre blanc.

Nicolette était toujours gardée dans sa chambre. C'était au mois de mai, quand les jours sont chauds et clairs, les nuits calmes et silencieuses. Une nuit, Nicolette était couchée sur son lit, les rayons de la lune entraient par une fenêtre et le rossignol chantait dans le jardin. Elle songeait à Aucassin qu'elle aimait tant, au comte Garin qui voulait sa mort.

Comme la vieille femme qui lui tenait compagnie était endormie, Nicolette se leva, fit avec des draps et des linges noués une corde qu'elle attacha à sa fenêtre et se laissa glisser jusque dans le jardin.

Nicolette avait les cheveux blonds et finement bouclés, les yeux brillants et rieurs, le nez grand et bien fait. Ses lèvres étaient plus vermeilles que les cerises ou que les roses de l'été, ses dents étaient blanches et menues, sa taille était si mince que vous auriez pu l'entourer de vos deux mains. Et tout son corps était si clair que les marguerites sous ses pas semblaient des taches brunes auprès de ses pieds blancs.

Nicolette arriva à la porte du jardin; elle

l'ouvrit et sortit dans les rues de Beaucaire, sous la brillante clarté de la lune. Elle marcha si longtemps qu'elle parvint auprès de la tour où Aucassin était emprisonné. Cette tour était vieille, branlante et percée de trous. Nicolette, enveloppée dans son manteau, se blottit contre un des piliers et passa la tête au travers d'une brèche de la tour. Elle entendit des sanglots et des lamentations : c'était Aucassin qui pleurait dans sa prison, et qui regrettait sa douce amie.

– Aucassin, lui dit-elle, gentil baron, noble seigneur, pourquoi vous lamenter et pourquoi pleurer, puisque je ne serai jamais votre femme? Votre père me hait et tous vos parents me haïssent. Mieux vaut que je passe la mer et que je m'en aille dans une autre contrée.

En disant ces mots, elle coupe une boucle de ses cheveux et les jette dans la prison. Aucassin les reçoit, les embrasse sans répit. Mais une immense colère s'empare de lui, à l'idée que Nicolette veut partir au delà des mers.

– Belle douce amie, gémit-il, ne vous en allez point, car votre départ me tuerait. Nicolette, si je vous savais la femme d'un autre, je me précipiterais de toutes mes forces sur le premier mur ou sur la première pierre que je rencontrerais, pour m'y écraser les yeux et pour m'y briser la cervelle !

– Mon ami! M'aimez-vous vraiment tant que vous le dites?...

Aucassin et Nicolette continuent à parler tendrement d'amour. Soudain, d'une rue proche débouchent les veilleurs de la ville, portant leurs épées nues sous leur manteau. Le comte Garin leur a recommandé de tuer impitoyablement Nicolette s'ils la rencontrent dans leurs rondes. Du haut de la tour, le guetteur les a vus venir : il les entend nommer Nicolette et la menacer de mort.

– Dieu! songe-t-il, quel grand dommage ce serait de voir mourir une si jolie fillette! Il faut que je tienne à Nicolette quelque propos que ces veilleurs n'entendront pas et qui la mettra sur ses gardes.

Aussitôt, le bon guetteur, preux et rusé, improvisa une jolie chanson.

– Jeune fillette au cœur franc, au joli corps, aux cheveux blonds et aux dents blanches, je vois bien à ta mine réjouie que tu viens de parler à ton ami qui se meurt d'amour pour toi. Mais, prends garde, jeune fillette, prends garde aux méchants qui rôdent par ici et qui te cherchent, leur épée nue sous leurs manteaux.

Nicolette a compris les propos du guetteur. Elle s'enveloppe dans son manteau et se cache dans l'ombre du pilier. Dès que les hommes ont passé leur chemin, elle quitte Aucassin, et marche, marche, sans se retourner, jusqu'aux remparts de la ville. Elle se laisse glisser tout au fond des fossés profonds et escarpés, elle écorche et elle meurtrit ses jolis pieds et ses douces mains. Puis, s'aidant d'un pieu aiguisé que les défenseurs avaient jeté là, pas à pas, elle escalade le talus abrupt du fossé et arrive, enfin, au sommet.

Mais ses peines ne sont pas finies. Au delà des remparts s'étendait une forêt touffue, peuplée de bêtes sauvages et de serpents. Nicolette au clair visage se prend à gémir, invoquant Jésus en ces termes :

– Père, roi de majesté, je ne sais plus de quel côté diriger mes pas. Si j'entre dans la forêt touffue, j'y serai mangée par les loups, les lions et les sangliers. Si je reste ici jusqu'au lever du soleil, les gens du comte Garin me découvriront et je serai brûlée sur un bûcher. Dieu! J'aime encore mieux que les loups, les lions et les sangliers me dévorent, plutôt que de rentrer dans Beaucaire.

Et confiant son âme à Dieu, Nicolette marche vers la forêt.

Elle n'ose point entrer au plus profond du bois. Elle se blottit à l'orée dans un buisson épais et s'endort, vaincue par la fatigue et le sommeil. Quand elle se réveilla, le soleil brillait, les oiseaux chantaient dans les arbres, et de petits pâtres, qui menaient leurs troupeaux entre le bois et la rivière, mangeaient gaiement auprès d'une fontaine.

En voyant les bergers, Nicolette courut vers eux.

— Beaux enfants, s'écria-t-elle, connaissez-vous Aucassin, le fils du Comte Garin de Beaucaire?

— Oui, certes, nous le connaissons bien.

— Au nom de Dieu, beaux enfants, allez donc lui dire qu'il y a dans cette forêt une bête qu'il doit venir chasser, car s'il peut la capturer, il ne cédera jamais cette bête pour tous les trésors de la terre. J'ai cinq sous dans ma bourse; prenez-les, ils sont pour vous, et allez trouver Aucassin.

Dites-lui aussi qu'il devra venir chasser cette bête avant trois jours, car s'il ne l'a point trouvée au bout des trois jours, jamais plus il ne la rencontrera et jamais plus il ne sera guéri de son mal.

– Ma foi, dit le plus hardi des petits pâtres, merci pour vos sous. Si Aucassin passe par ici, nous lui ferons votre commission, mais nous n'irons certes pas le chercher!

La nouvelle de la disparition de Nicolette s'est répandue dans tout le pays. Les uns croient qu'elle a quitté Beaucaire, les autres s'imaginent que le comte Garin l'a fait mettre à mort. Cette nouvelle plonge Aucassin dans une amère douleur. En vain le comte Garin l'a tiré de prison, en vain le comte Garin a réuni les chevaliers et les demoiselles de sa terre pour donner une fête somptueuse en l'honneur de son fils. Tandis que la fête bat son plein, Aucassin demeure accoudé à une balustrade, triste et chagrin; car ses regards ne rencontrent pas celle qu'il aime.

Un chevalier, qui comprend sa douleur, s'approche de lui et lui dit doucement :

– Aucassin, j'ai souffert jadis du même mal que vous. Je veux vous donner un bon conseil.

Quittez cette fête et promenez-vous à cheval, tout le long de la forêt. Vous verrez de la verdure et des fleurs, vous entendrez les oisillons chanter dans les branches, et peut-être trouverez-vous là ce qui soulagera votre cœur.

– Sire, grand merci, répond Aucassin, je suivrai votre conseil.

Et aussitôt il s'esquive de la salle, fait seller son cheval et sort du château. Il chevauche si vite qu'il est bientôt dans la forêt : il arrive auprès de la fontaine et là il rencontre les petits pâtres qui mangeaient leur repas de midi en riant et en s'amusant bien fort.

– Beaux compagnons, disait l'un d'eux, que Dieu assiste le beau petit Aucassin et qu'il aide aussi la jolie fillette aux cheveux blonds qui nous donna des sous ce matin. Avec ces sous, nous achèterons des gâteaux, des couteaux, des flûtes, des trompettes, des houlettes et des pipeaux. Compagnons, que Dieu garde la jolie fillette !

Aucassin a entendu ce propos et songe que Nicolette a dû passer par là.

– Beaux enfants, dit-il, ne me connaissez-vous pas ?

– Si fait, nous savons bien que vous êtes Aucassin, notre damoiseau. Sire, nous nous trouvions ici, ce matin, et nous mangions notre pain. Nous vîmes alors une jeune fille, la plus belle de toute la terre : nous l'avons même prise pour une fée! Elle nous a donné des sous et nous lui avons promis de vous dire, si vous passiez par cette fontaine : Sire, allez chasser dans cette forêt. Vous y trouverez une bête si précieuse que vous ne la donnerez point pour tous les trésors de la terre, quand vous l'aurez capturée. Cette bête a de telles vertus qu'elle vous guérira à jamais de votre mal. Mais, si vous ne l'avez prise avant trois jours, vous ne la rencontrerez plus jamais.

– Beaux enfants, répond Aucassin, vous m'en avez assez dit. C'est à Dieu, maintenant, de me la faire trouver.

Aucassin a compris les propos de son amie et il s'enfonce bien vite dans les profondeurs de la forêt.

Les ronces et les épines lui écorchent la peau, ses vêtements sont en lambeaux, le sang lui coule par plus de quarante plaies, teignant en rouge l'herbe verte sur laquelle il a passé :

Aucassin n'en a cure, car il est tout entier à la pensée de Nicolette.

Toute la journée, il parcourt la forêt à la recherche de son amie; mais le soir, quand il voit l'ombre s'étendre, il se prend à pleurer, car il n'a point trouvé sa Nicolette.

La nuit est belle et silencieuse, et Aucassin erre si longtemps qu'il finit par découvrir une petite cabane ornée de fleurs, éclairée par les rayons de la lune. Nicolette elle-même avait édifié cette cabane, et elle s'était blottie dans les buissons d'alentour, espérant que son ami s'y arrêterait...

– Dieu! s'écrie Aucassin, seule ma douce amie Nicolette a pu préparer cette logette. Pour l'amour d'elle, je vais m'y reposer cette nuit.

Il descend de cheval, se couche sur le dos. Il regarde les étoiles qui brillent au ciel et en invoque une, toute petite, à l'éclat plus vif que les autres :

– Petite étoile que je vois, tu dois être auprès de Nicolette, ma douce amie quc j'aime tant. Dieu souhaiterait, j'en suis sûr, que ma Nicolette vînt lui tenir compagnie pour rendre plus claire la lumière du soir!

Nicolette entend ces paroles et n'y tient plus. Elle court à la logette, jette ses bras autour du cou d'Aucassin, et l'embrasse tendrement.

– Beau doux ami, soyez le bien trouvé.

– Belle douce amie, soyez la bien trouvée.

Et ils s'embrassent et s'étreignent sans cesse, tant leur joie est profonde.

– Beau doux ami, dit Nicolette après mille caresses, songez maintenant à ce que nous allons faire. Si demain votre père fait fouiller la forêt et si ses gens me découvrent, je serai mise à mort.

– Belle douce amie, votre mort me ferait trop souffrir, et tant que je le pourrai, vos ennemis ne vous perdront pas.

Aucassin remonte sur son cheval, installe son amie devant lui, et leur monture les emporte hors de la forêt, à travers champs.

– Beau doux ami Aucassin, vers quelle terre allons-nous donc? dit Nicolette.

– Je n'en sais rien, douce amie, répond Aucassin. Qu'importe où nous allons, qu'importe que nous chevauchions dans des forêts ou des sentiers écartés, pourvu que nous soyons ensemble?

Ils franchissent les vaux et les monts, ils traversent des villes et des bourgs. Au matin, ils arrivent au bord de la mer et descendent de cheval sur une grève.

Là, Aucassin errait avec Nicolette qu'il tenait par la main, lorsqu'il vit passer, tout près du rivage, un bateau. Il héla les marins qui le conduisaient, et les convainquit de les prendre à bord. Aussitôt, ils s'embarquèrent. Mais quand le bateau eut gagné la haute mer, une grande tempête s'éleva, qui le poussa de terre en terre, de contrée en contrée. Enfin, ils atterrirent dans le port du château de Turelure.

Il se passait au château de Turelure des choses singulières. La reine y guerroyait contre les ennemis, tandis que le roi demeurait couché dans son palais. Aucassin s'amusa fort de ces usages, et, bien reçu par le roi et la reine, il mena longtemps gaie et joyeuse vie au château de Turelure, en compagnie de Nicolette.

Par malheur, tandis que les amoureux vivaient si heureusement, une flotte de Sarrasins vint assaillir le château, l'enleva de force, et emmena tous ses habitants en captivité.

Aucassin et Nicolette furent faits prisonniers et jetés chacun sur une nef différente. Les deux bateaux se trouvèrent séparés par une tempête.

Celui qui portait Aucassin erra si longtemps au gré des flots qu'il finit par arriver à Beaucaire, où les gens de la ville furent bien aises de retrouver Aucassin. Les gens de Beaucaire fêtèrent longuement le retour d'Aucassin, car durant les trois ans que le jeune prince était demeuré au château de Turelure, son père et sa mère étaient morts. Ils le conduisirent au château où tous lui prêtèrent fidèle et loyal hommage.

★

Aucassin est devenu le comte de Beaucaire et il fait régner la paix sur ses terres. Mais il ne peut se consoler d'avoir perdu Nicolette.

– Douce amie au clair visage, gémit-il, je ne sais en quelle région vous chercher, et pourtant, il n'y a point de continents et d'îles où je n'aille à votre recherche, si je savais vous y rencontrer.

Or, la nef sur laquelle s'était trouvée Nicolette appartenait au roi de Carthage. Et le roi de Carthage était le père de Nicolette! Elle avait douze frères, qui étaient tous des princes et des rois.

Comme elle avait été enlevée, tout enfant, par des pirates, elle ignorait le lieu de sa naissance. Mais aussitôt arrivée à Carthage, elle reconnut la ville et le palais où elle avait été nourrie et élevée. Elle dit au roi ses souvenirs, et celui-ci reconnut en elle la petite fille qu'il avait perdue, quinze années auparavant. Et toute la famille royale la fêta, la choya de son mieux. Elle, cependant, ne songeait qu'à Aucassin et aux moyens d'aller le rejoindre. Elle se procura une viole, apprit à en jouer. Puis, une nuit, elle s'enfuit, se teignit le visage en noir à l'aide d'une herbe, et, sa viole à la main, décida un marinier à la prendre dans son bateau.

Bientôt la voile est tendue; la barque vogue longtemps sur la haute mer, et finit par toucher les côtes de Provence. Alors Nicolette débarque avec sa viole, et en jouant et chantant tout le long du chemin, elle arrive au château de Beaucaire, où demeure Aucassin.

Aucassin est au perron de son château, assis entre ses barons. Il regarde les herbes et les fleurs, il écoute le chant des oiseaux, mais il songe à Nicolette, son amie. Soudain, Nicolette déguisée en jongleur paraît devant le perron. Elle joue de la viole et elle chante :

– Écoutez-moi, nobles barons. Voulez-vous entendre les aventures du seigneur Aucassin et de la sage Nicolette? Les deux amoureux s'aimaient tant qu'ils se retrouvèrent au sein de la forêt touffue et qu'ils arrivèrent ensemble au château de Turelure. Là, les païens les prirent un jour et les emmenèrent en captivité. Je ne sais ce qu'est devenu Aucassin, mais la sage Nicolette est au château de Carthage, auprès de son père qui est le roi de ce pays. On veut la marier à un roi païen, mais Nicolette n'en a cure. Elle aime toujours Aucassin, son ami, et elle a juré devant Dieu qu'elle n'épousera jamais que lui.

En entendant ces propos, Aucassin ne se tient plus de joie. Il fait venir ce jongleur et l'interroge en particulier.

— Beau doux ami, lui dit-il, ne savez-vous rien de plus sur cette Nicolette dont vous avez chanté les aventures?

— Sire, répond Nicolette, je sais aussi qu'elle est la plus franche, la plus sage et la plus gentille créature qui soit au monde. Son père lui donne à Carthage de grandes fêtes. Chaque jour il veut la marier à un puissant roi, mais Nicolette aimerait mieux être pendue ou brûlée plutôt que d'épouser un de ces rois, si riche fût-il.

– Ah! mon ami, s'écrie Aucassin, si vous pouviez me rendre Nicolette, je vous donnerais de mes richesses autant que vous souhaiteriez en prendre. Sachez que pour l'amour de Nicolette, je ne veux épouser nulle femme, fût-elle de la plus haute noblesse : c'est Nicolette seule que j'aime et que j'épouserai. Hélas! si j'avais su trouver ma Nicolette!

– Sire, répond Nicolette, si vous voulez tenir votre promesse, j'irai à la recherche de Nicolette.

Nicolette quitte Aucassin et s'en va dans Beaucaire, auprès de la vicomtesse, car son parrain, le vicomte, est mort. Elle raconte son histoire. La vicomtesse la reconnaît bientôt pour la petite Nicolette qu'elle a élevée. Elle la fait laver, baigner et reposer, se procure une herbe dont Nicolette se frotte le visage, et Nicolette retrouve son teint clair et redevient aussitôt plus belle que jamais, dans les riches vêtements de soie que lui prête la vicomtesse.

Elle s'assied dans la chambre sur un beau tapis. La vicomtesse est allée chercher Aucassin et le trouve en larmes dans son palais, car il regrette son amie qui tarde tant.

– Aucassin, lui dit-elle, ne vous lamentez plus

et venez avec moi. Je vous montrerai ce que vous aimez le plus au monde : Nicolette, votre amie, qui des terres lointaines est venue jusqu'à vous.

Et Aucassin, fou de joie, suivit la vicomtesse. Ils entrèrent dans la maison, dans la chambre où Nicolette était assise. En voyant Aucassin entrer, Nicolette s'élança vers son ami qui la reçut dans ses bras et tous deux s'embrassèrent longtemps et tendrement. Le lendemain, Aucassin épousa Nicolette et la fit comtesse de Beaucaire. Ils vécurent encore maints et maints jours, sans que rien vînt troubler leur bonheur. Car Aucassin était près de Nicolette et Nicolette était près d'Aucassin.

Floire et Blancheflor

COUTEZ la très vieille histoire de deux enfants qui s'aimèrent d'amour tendre.

Il était au temps jadis, en Espagne, un roi païen qui avait nom Félis. A travers toute la Galice il réduisait à sa merci les bourgades chrétiennes, et terrorisait les habitants. Or, comme il avait attaqué un jour des pèlerins qui revenaient de Saint-Jacques de Compostelle, il trouva parmi ses victimes un très noble chevalier français, accompagné de sa fille. Le chevalier fut tué, en défendant chèrement sa vie, et sa fille fut emmenée par le roi Félis en captivité, afin qu'elle servît à la reine d'esclave chrétienne.

Quelques mois plus tard, le même jour de Pâques fleuries, la reine et la jeune esclave chrétienne mirent au monde chacune un enfant. La reine eut un fils, qui fut nommé Floire, et l'esclave une fille, qui reçut le nom de Blancheflor. Ces deux enfants étaient beaux comme des anges et se ressemblaient comme frère et sœur. Le petit Floire fut confié à la mère de Blancheflor, qui soigna les deux nourrissons comme s'ils avaient été deux jumeaux, car elle les allaitait l'un et l'autre, et elle les couchait tous deux dans un même berceau.

Le temps passa. Et la tendresse de Floire et de Blancheflor ne cessa jamais de grandir : ces deux enfants ne se quittaient pas, et ils croissaient tous les deux en beauté et en sagesse.

Quand Floire eut six ans, son père, le roi, lui donna un maître nommé Gaidon, qui avait reçu mission de lui apprendre à lire les beaux livres où se trouvent enseignées toutes les merveilles du monde. Mais Floire ne voulait rien apprendre quand la douce Blancheflor n'était point à ses côtés. Le roi dut donc permettre à la petite esclave chrétienne d'assister aux leçons de son ami. Et les deux enfants s'appliquèrent alors avec tant de zèle, qu'ils surent bientôt lire tous les livres païens où il est si joliment parlé d'amitié et d'amour. Ils passèrent ainsi cinq années délicieuses dans le beau jardin du roi Félis, en compagnie des fleurs et des oiseaux, qui célébraient comme eux la douceur de vivre et la joie d'aimer.

Hélas! le roi Félis s'aperçut bientôt que Floire ne pouvait plus se passer de son amie Blancheflor. Qu'adviendrait-il de Floire, s'il ne s'avisait de le séparer de son amie? Ne prendrait-il point fantaisie à son fils d'épouser Blancheflor quand il serait en âge de se marier? Il est honteux pour un prince d'épouser une esclave, quand les plus belles demoiselles de la noblesse seraient fières de lui accorder leur main. Le roi Félis se sent si vivement courroucé contre la petite chrétienne qu'il songe même à la tuer.

Il va trouver la reine, et lui dit sa fureur. Mais la reine païenne s'est prise d'une tendre amitié pour la douce compagne de son fils.

— Mieux vaut, dit-elle au roi, éloigner Floire; en quelques semaines l'amour naissant de ces deux enfants s'effacera comme la rosée du matin sous les rayons du soleil. Que Gaidon se dise donc malade. Floire s'en ira poursuivre ses études chez sa tante, dame Sébile.

★

Les choses se passèrent comme la reine le voulait. Floire quitta de bonne grâce le palais de ses parents, car il était convaincu que la douce Blancheflor le rejoindrait bientôt. Mais le temps passa, et Blancheflor n'arrivait pas à Montoire. Floire comprit alors qu'il avait été trompé, et il tomba dans une langueur mortelle. Le roi Félis, apprenant la maladie de son fils, décida de se débarrasser à tout jamais de cette maudite chrétienne. Floire pourrait alors revenir dans le palais d'où Blancheflor aurait disparu.

— Dame, dit-il à la reine, Blancheflor sera égorgée sur l'heure; cette esclave nous a déjà valu trop de tourments!

— Sire Félis, ne la tuez pas. Songez qu'elle fut nourrie du même lait que notre enfant. Laissez-moi la vendre à des marchands qui

« Aucassin installe son amie devant lui... » *Page 22.*

l'emmèneront au loin. Vous en serez de la sorte délivré aussi bien.

Le roi Félis consentit et la reine vendit Blancheflor à des marchands de Babylone, qui lui donnèrent pour prix de la merveilleuse jeune fille force argent et pierreries, de somptueuses draperies, et une antique coupe d'or qui avait appartenu à tous les souverains de Rome depuis Enée.

Blancheflor, éplorée, fut emmenée captive à Babylone. Elle était si belle qu'un khalife très riche et très puissant l'acheta aussitôt aux marchands, et leur compta en échange sept fois en or le poids de la jeune captive. Ses serviteurs s'emparèrent de Blancheflor, et ils l'enfermèrent dans une vaste tour, où elle allait demeurer à jamais prisonnière.

Mais, dans le palais du roi Félis, la reine se lamentait.

– Hélas! gémissait-elle, que dira mon fils quand il apprendra le sort cruel de son amie? Mieux vaudrait qu'il la crût morte que de la savoir esclave en Babylone.

Et pour que son fils renonçât à l'idée de rechercher Blancheflor, la reine fit élever un tombeau magnifique où les deux enfants étaient représentés, tendrement enlacés, comme au temps où ils jouaient tous deux dans les grands jardins du palais.

★

Floire revient, et réclame Blancheflor. C'est la propre mère de la jeune fille qui vient en pleurant lui annoncer sa mort. En entendant cette atroce nouvelle, le jeune homme se pâme par trois fois. Il veut voir la tombe, et la reine l'accompagne devant le monument. Floire se pâme à nouveau, mais il revient à lui et maudit le jour qui l'a vu naître.

– O ma douce Blancheflor, s'écrie-t-il, toi dont la beauté était plus resplendissante que le soleil, toi qui brillais d'un éclat incomparable, telle la plus précieuse des gemmes! Qui saurait jamais décrire ta sagesse et ta bonté; car tu étais secourable aux humbles et tu avais su gagner l'amour des petits comme des grands. Hélas! la mort t'a saisie, et mes yeux ne te reverront jamais. Dans la prairie émaillée de fleurs où ton âme s'en est allée, tu m'attends, n'est-ce pas, douce amie, et tu vas m'accueillir d'un gai sourire? Blancheflor, me voici, je viens te rejoindre!

Et l'enfant, saisissant son stylet d'argent, veut

s'en percer le cœur. Mais la reine se précipite et l'empêche de se donner la mort. Il faut à tout prix qu'elle conserve son fils, puisqu'il est le seul survivant des douze enfants que le roi Félis lui a donnés. Désarmé, Floire demeure devant le tombeau de son amie, muet, hagard.

La reine, les yeux baignés de larmes, va se jeter aux pieds du roi :

– Sire Félis, lui dit-elle, vous êtes mon maître, vous pouvez tout sur moi et sur vos sujets. Mais, je vous en supplie, ayez pitié de votre enfant. C'est le dernier fils qui nous reste, c'est le plus beau que l'on vît jamais. Ne le laissez pas se consumer dans sa douleur et mourir de chagrin!

Le roi Félis est un guerrier cruel, mais il aime tendrement son fils. En entendant le discours de la reine, deux larmes coulent sur ses joues :

– Dame, lui dit-il, consolez notre enfant, car il faut qu'il vive, dût-il même prendre pour femme une esclave et une chrétienne. Parlez-lui donc à votre guise, comme vous le jugerez bon.

La reine se sent pénétrée de joie. Aussitôt elle va retrouver Floire, et elle lui dit toute la vérité : Blancheflor est vivante, elle a été emmenée en captivité par des marchands de Babylone. Soupçonneux, Floire écoute ce récit sans oser y croire. Pour le convaincre, on soulève le couvercle du sépulcre. O joie! il est vide.

Floire vivra, mais il partira à la recherche de son amie. Rien ne peut le retenir au palais, ni les tendres supplications de sa mère, ni les ordres énergiques de son père. Aux remontrances de ses parents, il répond simplement :

– Blancheflor, mon amie, vit en captivité sur une terre étrangère. Je ne puis vivre sans elle, je n'aurai de bonheur qu'avec elle. Je m'en vais au loin quérir mon amie, et je vous la ramènerai le cœur joyeux.

Le roi s'aperçoit maintenant qu'aucun conseil n'aura raison de son fils. Il va donc lui préparer un équipage digne de lui. Sept hommes accompagneront Floire, en compagnie de trois écuyers qui conduiront trois chevaux chargés de richesses. Le fils du roi, déguisé en riche marchand, montera un superbe destrier, richement harnaché. Et le roi donne encore à Floire la coupe d'or antique que les marchands lui remirent en échange de Blancheflor. Au doigt du jeune homme brille un anneau magique qui préserve celui qui le porte de toutes les atteintes du mal. La reine a remis ce talisman à son fils, pour qu'il demeure toujours en sécurité par delà les mers lointaines.

Le beau Floire va partir. En même temps que lui, c'est le bonheur qui s'éloigne de la demeure paternelle. Ses parents couleront maintenant des jours de tristesse, car l'enfant entreprend une expédition périlleuse dans les pays lointains. La douleur du roi, la douleur de la reine ne retiennent pas l'audacieux. Et Floire quitte sans faiblir ses parents éplorés.

★

Longtemps il erre avec ses compagnons. Mais où trouver le port où l'on embarqua son amie? Il traverse bien des pays, il frappe en vain à plus d'une porte. Le hasard, un jour, les conduit à une vieille ville. Un riche bourgeois leur offre l'hospitalité, et bientôt un délicieux repas leur est servi : le vin coule à flots, les bons mots, les plaisanteries se croisent d'un bout à l'autre de la vaste salle, et les mets succulents disparaissent comme par enchantement. Floire seul, parmi la gaîté de tous, reste taciturne. Saurait-il goûter à si bonne chère celui qui a perdu sa mie? Son hôtesse l'observe, et ne tarde pas à deviner la cause de son chagrin : seul l'amour malheureux peut donner à si jeune homme si triste contenance.

Elle se penche vers son époux :

– Ne vous semble-t-il pas que, pour un bourgeois, ce jeune marchand a bien noble maintien? Ou je me trompe fort, ou c'est là un gentilhomme qui s'en va à la recherche de sa mie.

Elle se tourne alors vers Floire.

– Avez-vous prononcé vœu d'abstinence, beau marchand, qu'à si bonne chère, vous fassiez grise mine? Il me souvient, à vous voir ainsi, d'une jeune demoiselle que j'ai connue naguère; elle était certes de haut lignage, bien que réduite en esclavage. Son nom était Blancheflor, elle paraissait votre âge, et pleurait un sien ami, Floire, dont on la séparait. Elle était toute transie d'amour. Les marchands qui l'avaient achetée voulaient, m'a-t-on dit, la conduire à Babylone. Là règne un puissant Khalife à qui ils se flattaient de la revendre deux fois autant d'argent qu'ils l'avaient payée.

En entendant ces mots, Floire est sur le point de se pâmer. Que bénie soit la dame qui, la première, lui donna des nouvelles de son amie!

Enfin, il sait où il pourra la retrouver. Il s'empresse d'offrir à son hôtesse une coupe pleine d'un vin vermeil.

Les voyageurs ne s'attardent guère. Dès que le vent est propice, ils mettent à la voile vers la côte proche de Babylone.

Durant huit jours et huit nuits, ils voguent dans la nef, sans apercevoir le rivage; au neuvième jour, ils sont rendus. C'est à Bagdad qu'ils mettent pied à terre. Ils y sont accueillis le mieux du monde et bientôt hébergés chez un riche marinier. Un joyeux repas fête la venue de ces étrangers, que l'hôte honore de son mieux. Mais rien ne console Floire, rien ne saurait le dérider. A son tour, le marinier est frappé de sa ressemblance avec la triste jeune fille qui aborda naguère en cette même ville. Il ne peut s'empêcher de la nommer à Floire.

– On l'appelait Blancheflor, des marchands l'emmenaient. Elle ne touchait ni viande, ni friandise, ainsi que vous faites aujourd'hui. C'est à Babylone qu'on l'a menée...

Il n'est riche présent que Floire n'eût donné avec joie, pour recueillir quelque nouvelle de son amie. Plein de gratitude, il fait don au marinier d'un beau manteau et d'un hanap d'argent.

Le jeune homme a si grande hâte de revoir son amie qu'il ne peut s'endormir de la nuit, mais songe, tout éveillé, à celle qu'il aime. Avant le départ, il s'enquiert auprès de son hôte :

– Auriez-vous, demanda-t-il, à Babylone, quelque ami qui pût me conseiller?

– Mais certainement! Allez chez Daires, le riche prudhomme. Portez-lui cet anneau de ma part, il vous accueillera le mieux du monde.

Peu après, Floire est à Babylone, il se présente à Daires, qui le reçoit avec courtoisie. Sa femme Licoris s'étonne de le voir si pensif :

– Je suis marchand, vous le voyez, répond-il. Je suis triste, parce que je veux conclure un marché, et je crains bien, hélas! de ne pouvoir y parvenir.

La dame voit couler les larmes sur le tendre visage de l'enfant. Elle ne s'y méprend pas :

– Ce m'est avis, quand je le vois, que je revois Blancheflor la belle. Sire, voyez ses traits : ne serait-il son frère jumeau?

Et Floire aussitôt :

– Non point son frère, dame. Je suis son ami. Mon père est roi en Espagne. Je ne saurais compter ses richesses. Si quelqu'un veut m'aider de ses conseils, je l'en remercierai par or et par argent. Je suis à Babylone pour suivre Blancheflor, ma mie; et si je ne puis la retrouver, il faudra que je meure de chagrin.

Daires connaît les usages de sa ville. Il sait bien où le Khalife, l'amirant, comme on dit encore, seigneur de Babylone, a enfermé Blancheflor.

– Notre cité est une ville puissante : beau doux ami, prenez garde, car nul ne survit au déplaisir de l'amirant. Blancheflor sera bien défendue...

» Pour lors, elle est captive dans une vaste tour. Cent vingt chambres y abritent chacune une jeune fille parfaitement belle. Des serviteurs armés veillent sur ces enfants; au dehors, quatre hommes en armes gardent les approches. Une fois l'an, le khalife choisit une des jeunes filles pour en faire sa femme, et l'année écoulée, il la fait mettre à mort.

» C'est dans un mois que l'amirant va choisir sa femme. Tous les barons sont déjà conviés, car c'est une grande fête; on rassemble les jeunes filles dans un vaste verger, où les oiseaux chantent, où les fleurs embaument. Blancheflor est la plus belle. Sans doute sera-t-elle la préférée?

— Sire, s'écrie Floire, sire, venez à mon aide. Pourrais-je vivre sans mon amie? Il faut que je la sauve, ou je mourrai à la peine.

Daires voit bien qu'il ne l'arrêtera pas. Alors, il se décide à l'aider. Et voici ce que Floire fit, sur son conseil.

Dès le matin, il va à la tour, il fait semblant de l'examiner. Le portier l'aperçoit — ainsi qu'il l'avait prévu.

— Arrière, étranger! crie cet homme. Nul ne doit approcher d'ici. Vous ne l'ignorez pas, sans doute!

Floire lui répond d'une voix suave :

— Beau sire, ne vous fâchez pas. Jamais je ne vis une si belle tour. Si je l'admire de près, c'est que j'en veux construire une dans mon pays, en tous points semblable à celle-ci.

Or, ce portier était très fidèle à son seigneur, mais il avait un défaut : il était joueur et aimait passionnément le jeu d'échecs.

— Cet étranger est pour le moins un riche prudhomme, se dit-il. Essayons de jouer avec lui, j'y gagnerai peut-être quelque argent.

Bientôt ils s'attablent tous deux. Ils jouent.

Floire gagne. Mais il a soin, avant de s'en aller, de lui abandonner tout son gain, y joignant encore force argent. Les voilà devenus bons amis.

Le lendemain, ils jouent encore. Cette fois, Floire lui abandonne, outre tout son or, la coupe précieuse que jadis donnèrent les marchands en échange de Blancheflor. Le portier tombe à ses pieds, lui jure fidélité devant tant de largesses. Il ne sait pas qu'il devra bientôt lui prouver sa foi!

Car Floire le prend au mot. Il lui conte son histoire. Que le portier trouve quelque ruse pour l'introduire chez sa belle! Et le portier trouve en effet.

★

L'émir a fait préparer de vastes corbeilles de fleurs pour chacune des demoiselles. Dans celle de Blancheflor, Floire s'est caché, vêtu d'un costume couleur de rose.

C'est une ruse habile. Mais, hélas! les hommes qui portent cette corbeille gémissent sous le poids. Ils la déposent dans la première chambre qui s'offre à eux. Et ce n'est pas celle de Blancheflor, mais celle de Claris. Claris reçoit le bel adolescent qui déjà se croit près de sa mie...

Le voyant ainsi sortir de parmi les fleurs, elle prend peur, elle crie. Ses compagnes accourent de tous côtés; Floire se voit trahi; il se cache bien vite dans la corbeille, Claris pourrait le perdre. Elle préfère le sauver, car elle est amie de Blancheflor, et elle a deviné que ce bel adolescent est Floire, l'ami cher de la petite chrétienne. Elle s'excuse auprès de ses compagnes :

– C'est, dit-elle, un papillon qui m'a effleurée au menton.

Chacune rentre chez soi. Il s'agit maintenant d'attirer Blancheflor. Elle l'appelle :

– Douce compagne Blancheflor, voulez-vous voir une belle fleur que vous aimerez, j'en jurerais, plus qu'aucune autre en ce pays?

– Sœur Claris, douce amie, le terme de ma vie est proche. L'émir dit qu'il me prendra pour femme. S'il plaît à Dieu, il n'en sera rien, car Floire a mon amour. Mieux vaut mourir. Je ne veux point d'autre mari que mon Floire.

– De par son amour, voyez, je vous prie, voyez cette fleur!

Blancheflor se décide enfin à suivre sa compagne. Floire sort de sa cachette. Elle voit son ami, et il voit son amie. Pleins de pitié et d'amour, tous deux s'enlacent, pleurent, s'oublient en tendres baisers. Ils se regardent sans mot dire et se sourient. Claris doucement les raille :

– Elle a donc une grande vertu, cette fleur qui fait si tôt s'envoler votre douleur? Vous ne vouliez même la voir, et vous voici maintenant toute joyeuse!

» Mais l'amour est insouciant et aveugle. Songez, amis, à l'émir tout-puissant, et gardez qu'il ne vous aperçoive. Je veillerai sur vous. Puissé-je vous protéger de sa colère!

Tous deux remercient Claris. Grâce à elle, ils connaissent le bonheur qu'ils croyaient perdu à jamais.

Puis Blancheflor emmène son ami avec elle dans sa chambre. Ils se content leurs aventures. Mais qu'importe le malheur passé, puisqu'ils sont enfin réunis!

Les jours passent, pleins de délices. Hélas! ce bonheur ne saurait durer...

Tous les jours, les demoiselles vont servir le Khalife dans sa chambre. Claris éveille de bonne heure Blancheflor, et toutes deux y vont ensemble. Un beau matin, Blancheflor ne se réveille pas. Claris va seule chez l'émir.

— Mon amie, dit-elle, s'est endormie tard, à force de prier son Dieu, pour que vous soyez comblé de toutes les joies.

L'émir est flatté, et la croit sans peine.

Par malheur, le lendemain, Blancheflor dort plus profondément encore. Claris, qui ne l'entend pas, la croit déjà auprès de l'émir. Elle descend donc seule, de nouveau. Cette fois, la maître se fâche.

— J'en aurai le cœur net! s'écrie-t-il; saisissant son épée, il monte dans la chambre de Blancheflor. Il ouvre — et s'arrête aussitôt, stupéfait : au lieu d'une enfant, il en voit deux, qui dorment côte à côte dans le lit. L'une est Blancheflor, mais quelle est l'autre? Le maître les fait découvrir. Stupeur! C'est un jeune homme qui partage la couche de Blancheflor!

Aux cris de fureur de l'émir, les enfants se sont tous deux réveillés, et ils regardent leur maître avec effroi. Ils ont peur de mourir.

— Insensé! dit le Khalife, qui donc es-tu, toi qui as pénétré dans la tour?

— Ma foi, répond Floire, c'est la plus belle aventure du monde. Je suis son ami, elle est mon amie. Je l'avais tant cherchée qu'enfin je l'ai trouvée. Pour l'amour de Dieu, sire, laissez-nous la vie, car nous n'avons jamais voulu vous faire de tort.

Ils sont jeunes, ils sont beaux. L'émir n'est pas un mauvais prince. Il décide, au lieu de les tuer sur l'heure, de les faire juger par ses barons, qu'il a justement convoqués pour la grande fête. En attendant, il les fait garder étroitement prisonniers. Hélas! Au jour du jugement, les barons les condamnent tous deux à être brûlés vifs sur le bûcher.

Quand on amène Floire et Blancheflor devant le Khalife, ils tremblent, car ils ont peur de la mort. Pourtant, chacun admire leur beauté. Il n'y a pas dans toute la cour un homme si félon qu'il ne pleure de pitié.

Par amour, ils se querellent :

– Belle, dit Floire, c'est par ma faute que l'on vous a jugée. Si je n'étais entré dans la tour, vous n'auriez pas perdu la vie. Plût à Dieu de me laisser mourir deux fois, l'une pour vous, l'autre pour moi.

Il se souvient de l'anneau bienfaisant que sa mère lui a glissé au départ, il veut le donner à son amie.

En pleurant, Blancheflor le refuse.

– Ami Floire, tu meurs pour moi. Je te rends cet anneau, car je ne veux pas guérir, puisque tu vas mourir.

Ce disant, elle jette l'anneau au loin.

Ils se querellent alors, à qui mourra le premier. Tout en pleurant, chacun cherche encore à sauver son ami.

A cette vue, qui ne serait ému? Le dur Khalife, lui-même, prend pitié de ces enfants. Il promet de faire grâce, si Floire dit son histoire, s'il consent à conter son origine et par quels moyens il pénétra dans la tour.

Floire le fait bien volontiers. Il conte comment il aima Blancheflor dans son pays, comment elle lui fut ravie. Il dit tout son chagrin, et comment il quitta son royaume pour suivre son amie. Il dit son stratagème, il en demande pardon, à genoux, à son seigneur, il lui demande son amie, qu'il aime mieux que la vie.

L'émir a entendu le beau conte d'amour. A mesure que l'enfant parlait, sa colère s'est envolée. Maintenant, il se sent pour Floire si grande amitié qu'il veut lui-même célébrer son mariage, et aussi l'armer chevalier.

Pour plaire à Blancheflor, il épousera Claris, sa douce amie, et la gardera non pas une année, mais sa vie durant.

★

Floire et Blancheflor sont revenus dans leur pays. Comme les parents de Floire étaient morts, on les a aussitôt couronnés roi et reine. Et Floire s'est fait baptiser, ainsi que tous ses sujets.

Il resta toujours un bon roi très chrétien. Blancheflor lui donna une fille, qui fut Berthe aux grands pieds. Et vous saurez bientôt son histoire, car elle devint un jour la mère du grand empereur Charlemagne, à la barbe fleurie.

LES GRANDES CHANSONS DE GESTE
(La geste de Charlemagne)

Berthe aux grands pieds

VOUS connaissez tous le père de Charlemagne, Pépin, le fils de Charles Martel. On s'était moqué, dans sa jeunesse, de la petitesse de sa taille, et un surnom lui en était resté : c'est pourquoi vous l'appelez toujours Pépin le Bref. Malgré sa chétive apparence, son cœur était noble et il avait un grand courage.

Voici comment il le prouva pour la première fois. C'était à la cour de son père, il n'avait pas encore vingt ans. Un lion féroce, dans toute la vigueur de sa jeunesse, s'était échappé de sa cage. Tous fuyaient devant lui, même le vainqueur de Poitiers, l'indomptable Charles Martel. Seul Pépin l'attendit de pied ferme, et parvint, d'un coup de poignard, à l'étendre mort devant lui. A dater de ce jour, on cessa de rire de sa taille, et on l'admira à l'égal des plus vaillants chevaliers de son temps.

Quelques mois après, il se mariait. Ces premières noces devaient être de courte durée, et la jeune reine mourut sans lui laisser d'héritier.

Dans ce même temps vivait à la cour de Hongrie une jeune fille d'une pure et éclatante beauté : Berthe, la fille du roi Floire et de Blancheflor. La renommée de ses vertus et de sa beauté parvint jusqu'aux oreilles de Pépin, qui était devenu un roi très puissant. Il envoya des messagers à Floire, lui demandant la main de sa fille. Et Floire la lui accorda volontiers.

La reine Blancheflor s'attristait beaucoup du départ de son unique enfant. Elle voulut au moins l'accompagner durant une partie de ce long voyage. Quand elle dut enfin la quitter, elle la confia aux bons soins d'une servante qu'elle avait affranchie, et qui lui devait une grande reconnaissance.

Cette femme se nommait Margiste. Elle promit de veiller sur la future reine comme elle veillerait sur sa propre fille Aliste, qui devait être la suivante de la reine de France. Avec elle partit encore Tibert, le cousin de Margiste.

Berthe, tout éplorée d'avoir quitté sa mère, se réjouissait pourtant de connaître son époux. Celui-ci, plein d'empressement, vint à la rencontre de sa petite fiancée : il fut plus charmé encore à sa vue qu'il ne l'eût deviné. Une vie de bonheur, semblait-il, se préparait pour la jeune reine...

Hélas! Margiste et Tibert étaient des traîtres. Blancheflor les avait choisis pour protéger sa fille, et ils allaient devenir ses bourreaux!

Ils profitèrent de la ressemblance frappante de Berthe et d'Aliste. Les deux jeunes filles étaient en tous points semblables, hormis en un détail qui n'était connu que de Margiste et de la reine Blancheflor. Alors que les pieds de Berthe étaient longs et effilés, ceux d'Aliste étaient gros et courts : cette légère différence passait aisément inaperçue.

Peu après la célébration du mariage, au moment où la jeune épousée allait pénétrer dans la chambre nuptiale, Margiste la prit à part.

– Reine, lui dit-elle, j'ai appris qu'un grand malheur vous menace. Le roi Pépin, qui vous paraît si doux, nourrit à votre égard un effroyable dessein et se prépare à vous faire égorger. Votre nuit de noces ne sera pas achevée, que déjà vous aurez cessé de vivre. Tel est le projet du roi franc. Et que dira notre bonne reine Blancheflor, qui vous a confiée à ma garde? Je n'ose songer à son désespoir.

– Pourquoi, mon Dieu, veut-il me perdre, ce prince que je commençais à aimer de si bon cœur? s'écria Berthe, toute tremblante. Margiste, ma bonne Margiste, si tout cela est vrai, comment lui échapper?

– Ne craignez rien, ma reine. J'ai juré de vous protéger, et vous m'êtes plus chère que tout au monde.

» Ma fille Aliste connaît ce noir complot. Il n'est qu'un moyen de vous sauver, et bien qu'il me déchire le cœur, je l'emploierai, puisqu'il le faut. Aliste vous ressemble tant que le roi lui-même s'y trompera : elle prendra vos habits et mourra à votre place. Vous savez son amour : elle sera heureuse de se dévouer pour vous.

» Malheureuse! Je vais voir mourir mon enfant. mais j'aurai sauvé la fille de ma bienfaitrice, de notre douce reine Blancheflor.

Tout en larmes, Berthe consentit à laisser Aliste mourir à sa place. Comment la pure enfant se serait-elle doutée de l'infâme trahison ourdie contre elle?

Cependant Pépin s'y laissa tromper. De cette union maudite, du mariage du roi Pépin avec la serve Aliste devaient naître deux enfants, deux traîtres : ils eurent nom Hendri et Lanfroi.

Dès le lendemain du mariage, au matin, Margiste poussa Berthe, habillée en serve, dans la chambre de la reine, qui aussitôt se plaignit à grands cris d'être blessée. Margiste accourut avec tous ses complices, et feignit un grand courroux : sa propre fille, attenter à la vie de la reine! Elle seule pourrait lui infliger le châtiment de son forfait. Et devant tous les gens du roi, qui s'étaient empressés de voler au secours de leur souveraine, Tibert s'empara de Berthe, si confondue et abasourdie qu'elle ne tentait même pas de se justifier. Il la bâillonna, et, aidé de trois sergents, l'emmena hors de la ville pour la mettre à mort.

★

Cinq jours durant elle marcha entre ses bourreaux. Au soir du cinquième jour, elle se trouvait au plus épais d'une immense forêt. Tibert la jeta rudement à terre, et déjà il tirait son épée pour la frapper.

Mais la merveilleuse beauté de Berthe et le charme de son innocence émurent de pitié l'un des hommes, nommé Morand. Il arrêta le bras de Tibert et le décida à laisser la vie sauve à sa victime.

– Pourquoi la tuer, dit-il, et que craindrions-nous en l'épargnant? Ce sera un péché que nous n'aurons pas commis. Du fond de cette forêt, elle ne peut échapper. Nous tuerons un jeune animal, et nous en apporterons le cœur à Margiste.

Tibert se laissa convaincre et les quatre hommes abandonnèrent Berthe dans les bois.

★

La petite reine de France est toute seule dans la vaste forêt. Autour d'elle, ce ne sont que cris de chats-huants et hurlements de loups. Bientôt éclate un orage terrible; les éclairs se succèdent, ininterrompus, tandis qu'un vent effroyable semble déraciner les vieux arbres, et que la grêle et la pluie s'acharnent sur la frêle enfant. Elle, se prenait à penser à sa mère Blancheflor.

– Ah! madame, disait-elle en soupirant, si vous voyiez la grande misère où je me trouve, moi qui fus toujours choyée si tendrement, quel ne serait pas votre désespoir!

Puis, joignant les mains, elle priait Dieu dévotement et Jésus, et sa sainte mère.

Quand la nuit fut venue, elle se prit à pleurer, telle était son angoisse.

– O nuit, combien vous serez longue à passer! Et que ferai-je même, au jour? Car je ne sais de quel côté me diriger. Il faudra que je meure de froid, ou de faim. Ou bien je serai dévorée par les bêtes féroces.

Enfin, dans sa grande fatigue, elle s'endormit, toute brisée. Autour d'elle, dans l'obscurité redoutable, la tempête faisait rage. Et Berthe était transpercée par le froid et par la pluie.

Vers minuit, le vent soudain s'apaisa. Berthe se réveille. Affamée et apeurée, dans la nuit noire, elle se met à pleurer. Dans sa grande piété, elle songe à Notre Seigneur Jésus-Christ, qui plus qu'elle a souffert. Pour que, dans sa miséricorde, il prenne pitié d'elle, elle fait alors un vœu :

– Beau sire, dit-elle, pour votre amour je veux faire un vœu que je respecterai toute ma vie. Je ne révélerai jamais à quiconque mon rang, ni ma naissance. Je tiens pourtant à faire à ce vœu une exception : je dirai que je suis reine, afin que l'on me respecte, si quelqu'un venait à vouloir me déshonorer.

Puis, Berthe se remet à cheminer à travers la forêt. Elle marche bien longtemps, et fait tant qu'elle arrive enfin, le jour venu, à une pauvre chaumière. C'est le logis de Simon le voyer.

A ce moment, ses forces la trahissent : elle tombe sur le seuil, sans pouvoir aller plus avant.

Par bonheur, Simon justement sort de sa maison. Il la voit, la fait entrer dans sa demeure, et, avec l'aide de sa femme Constance, il la réconforte du mieux qu'il peut. Berthe, fidèle à son vœu, explique qu'elle est fille d'un pauvre chevalier, et qu'elle a été chassée de la demeure paternelle par sa marâtre. Arrivent les filles de Simon, Isabeau et Ayglante. Elles sont émues par la beauté et le malheur de cette jeune fille qui est tout juste de leur âge. Elles voudraient garder auprès d'elles une si douce et si charmante compagne, elles supplient leurs parents de le permettre.

C'est ainsi que Berthe reçut l'hospitalité de Simon. Elle resta plus de neuf ans parmi ces braves gens. Isabeau et Ayglante étaient pour elle comme des sœurs, Simon et Constance lui tenaient lieu de ses parents si tendrement chéris. Cependant, elle songeait souvent à eux :

– Ma bonne mère Blancheflor, disait-elle, qui m'avez si tendrement nourrie, faut-il que vous ignoriez la trahison de la serve à qui vous m'aviez confiée ! Je prie Dieu chaque soir, afin qu'il vous ait en sa sainte garde, vous, et mon père, le roi Floire, le plus vaillant des chevaliers !

Elle pensait encore à son époux, le roi Pépin. Telles étaient sa vertu et sa beauté, qu'elles ne cessaient de parfumer l'humble logis du paysan.

★

Cependant, à Paris, Aliste régnait sous le nom de Berthe. Mais, pour le malheur de ses sujets, elle suivait les funestes conseils de sa mère Margiste et de Tibert. Méchante et rapace, elle pressurait le peuple et l'accablait sous le poids des redevances, tandis qu'elle dépensait l'argent à flots pour ses plaisirs.

Floire et Blancheflor, de leur côté, ne songeaient qu'à leur fille, qui, pensaient-ils, vivait heureuse au loin, dans le doux pays de France. Ils avaient appris que deux fils lui étaient nés. Un beau jour, enfin, Blancheflor n'y put tenir. Elle entreprit le voyage, heureuse de serrer bientôt dans ses bras la chère enfant.

Elle s'attendait, dès son arrivée, à entendre, de toutes parts, chanter les louanges de la reine. Elle n'entendit que les cris de haine et les malédictions.

– Quel démon a pu changer ainsi ma douce princesse? se dit-elle.

Et déjà un doute obscur germe dans son cœur. Elle se hâte, la voici aux portes de Paris. O douleur! Sa fille, prévenue de son arrivée, n'est point accourue à sa rencontre et Pépin, triste et inquiet, vient seul la recevoir. Aliste, sur les conseils de sa mère, a feint une maladie, craignant la clairvoyance de Blancheflor. De sombres pressentiments envahissent l'âme de la pauvre mère. Elle ne se sent point attirée par ses faux petits-enfants...

Malgré la prétendue maladie de la reine, qui l'oblige, dit-elle, à vivre dans l'isolement et l'obscurité, elle enfreint toutes les consignes, elle parvient à la chambre royale — et démasque enfin l'imposture, l'infâme trahison. Elle devine la machination perfide. Margiste a tué Berthe, sa douce enfant ! De désespoir, la reine tombe pâmée.

A peine ranimée, elle dit à Pépin le crime et les coupables. Le bon roi décide aussitôt de châtier les assassins. Margiste est brûlée vive, Tibert sera écartelé. Cependant Aliste s'est enfuie et se fait nonne dans un couvent, à Montmartre.

Ces châtiments importent peu à Blancheflor, qui a perdu son enfant tant chérie. Elle refait, douloureusement, le voyage si gaîment entrepris quelques mois plus tôt. Pépin, sans mot dire, l'accompagne jusqu'à Senlis. Et puis il revient, le cœur navré.

Pourtant, tout espoir n'est pas perdu. Tibert a fait des aveux complets, d'où il résulte que Berthe fut abandonnée vivante dans la forêt. Peut-être, a-t-elle survécu...

Derechef Pépin partit à sa recherche. Bien longtemps ses efforts restèrent vains. Les mois s'écoulèrent, et le roi pensait toujours à cette Berthe si douce qu'il avait rendue malheureuse malgré sa volonté.

Or, certain jour, au cours d'une chasse, Pépin s'égara dans une vaste forêt non loin du Mans. Il cherchait son chemin, quand il vit venir à lui une jeune fille d'une beauté merveilleuse, dont les traits lui rappelèrent ceux de la reine. Il lui adressa la parole : sa simplicité, sa grâce le charmèrent davantage encore.

Émus par sa ressemblance, il voulut la prendre dans ses bras. Mais la jeune fille, tout effrayée, s'écria aussitôt :

– Ne me touchez pas, messire ! Je suis reine de France, fille de Floire, roi de Hongrie.

Pépin, frappé de stupeur, ne peut souffler mot. Mais, devant Simon, Berthe, fidèle à son vœu, se refuse à répéter son secret...

Cependant, le roi a fait prévenir Blancheflor et Floire, et tous deux accourent, pleins de joie, à l'idée que leur fille va leur être rendue. Ils arrivent, ils vont droit à la cabane de Simon : et Berthe tombe dans leurs bras.

Pépin implore son pardon, qui lui est accordé de grand cœur. Et tous quittent la misérable chaumière pour les palais royaux. Simon et les siens ne sont pas oubliés; eux aussi viennent à la cour, et Simon sera fait chevalier.

Du Mans juqu'à Paris, c'est un voyage de triomphe et de fête pour la reine et pour tous ses amis. Le peuple se presse en foule, et l'acclame au passage; les plus misérables ont le cœur en joie, d'avoir pu contempler son visage resplendissant; et elle, dans sa simplicité, baisse la tête et rend grâces à Dieu. Sa mère Blancheflor, débordant d'allégresse, ne peut se rassasier de sa vue.

Désormais, Berthe mena une vie paisible et heureuse. Elle eut deux enfants : une fille d'abord, qui devait être la mère de Roland. Puis un fils : et ce fut le grand Charlemagne.

Girard de Vienne

E toute la lignée de Garin de Montglane, il n'était personne qui ne fît honneur à sa maison. Garin avait quatre fils : Hernaut de Beaulande, l'aîné, puis Milon et Régnier, et le plus jeune, enfin, Girard, qui devint duc de Vienne.

Le fief de Garin était en Gascogne, dans un pays que ravageaient les Maures musulmans. Or, avant qu'aucun de ses fils n'ait atteint l'âge de chevalerie, sa terre fut dévastée et pillée par les infidèles, à tel point que, déjà vieux, il se trouva dans un dénûment proche de la misère. Son cheval, affamé, gisait à demi mort dans l'écurie. De sa splendeur passée, rien ne lui restait plus. Et son triste manoir contenait tout au plus pour quatre jours de vivres. Accablé de chagrin, le vieux Garin ne cherchait plus à retenir ses larmes.

– Quel est votre chagrin, mon père? lui dit Hernaut.

– C'est pour vous que je pleure, fils. Je souffre de vous voir tous si misérables, et je crains pour vous les Sarrasins maudits.

– Pleurer sur des malheurs ne les répare point. Père, nous sommes quatre garçons. Donnez-nous des armes et nous vous aurons bientôt vengé!

Ce fier langage ranima le cœur du vieillard. Il donna à chacun un arc et une épée. Tous quatre s'éloignèrent, en quête d'aventure.

A la tombée du jour, ils rencontrèrent un cortège de Maures conduisant quinze mules chargées d'un très riche bagage. Les quatre enfants, par leur vaillance, mirent en fuite leurs nombreux adversaires et restèrent maîtres du butin.

L'apportant à Garin, Hernaut lui dit alors :

« A la tombée de la nuit, ils rencontrèrent un cortège de Maures conduisant quinze mules... » *Page 64.*

— Père, nous vous avons mis à l'abri du besoin. Votre lignage, vous le voyez, est bien digne de vous. Laissez-nous donc, de par le monde, chercher la gloire et la fortune. Pour ma part, j'irai en Angleterre.

— Nous voulons servir l'empereur Charlemagne, dirent Régnier et Girard.

— Et moi, j'irai à Rome demander au Saint-Père sa bénédiction.

C'est ainsi que Garin resta seul, dans son manoir.

★

Les quatre fils de Garin de Montglane sont partis à la conquête de la gloire. Hernaut de Beaulande s'empara de l'Angleterre et de l'Irlande; Milon, de la Pouille et du pays de Naples.

Régnier et Girard, à grand effort, rejoignirent à Reims l'empereur Charlemagne. Mais ils sollicitèrent en vain une audience. Soldats et prêtres, gardes et sénéchaux formaient autour de lui un rempart infranchissable. Girard, plus doux, était prêt à renoncer. Mais le cœur de Régnier était impétueux et hardi.

Certain jour, l'empereur était dans sa chapelle.

Les deux frères trouvèrent une fois de plus la porte close. Ils essayèrent de passer outre. Un garde s'interposa, les insulta et alla même jusqu'à lever la main sur eux.

C'en était trop. D'un coup d'épaule, ils brisèrent la porte puissante dont les débris écrasèrent l'insolent. Et ils se trouvèrent ainsi en présence du roi.

Devant pareille témérité, Charles, plein de courroux, allait châtier rudement ces rebelles. Mais les deux enfants tombèrent à ses genoux :

– Le bon droit est pour nous, sire, lui dit Régnier. Ce vilain nous a frappés. Honni soit qui ne se venge point d'une telle offense!

Beaucoup de barons avaient assisté à la scène. Ils approuvèrent les dires du jeune étranger. Devant la jeunesse, la grâce et la fierté des deux frères, Charles sentit peu à peu se fondre sa colère.

– Quel est votre pays, enfants, et quel est votre père? leur dit-il.

– Sire, nous sommes les fils de Garin de Montglane. J'ai nom Régnier, voici mon frère Girard; nous sommes venus tous deux pour vous prêter hommage et combattre à vos côtés.

L'empereur chercha à part lui quelque moyen d'éloigner, et pourtant de satisfaire ces trop fougueux enfants.

– Certes, votre race est des meilleures, dit-il, et nous accepterons volontiers vos services. Mais où pourriez-vous nous être plus utiles qu'aux bords de la Garonne, où règnent les mécréants? Allez dans votre pays exercer contre eux votre vaillance. En retour, vous recevrez de nous mille richesses.

– Eh quoi? dit Régnier d'un ton plein de mépris; pour qui donc nous prend-on? Nous n'avons que faire de toutes leurs richesses. Viens, frère, allons offrir nos services à quelque plus grand prince, qui sache priser notre valeur.

Une telle fierté surprit tous les barons. Pleins d'admiration, ils chuchotaient entre eux.

– Pour un bachelier, disait-on, c'est parler noblement!

– Empereur, s'écria l'un d'eux, interprète de tous, gardez ces jeunes gens. Vous n'aurez certes pas à vous en repentir. Ils feront de preux et vaillants chevaliers.

Régnier et Girard s'agenouillèrent aux pieds de Charles pour lui prêter hommage.

Charlemagne enfin consentit. De sa main, il arma chevalier Régnier le hardi. Puis il nomma Girard écuyer de sa suite.

On les revêtit tous deux de somptueux habits, et Régnier commença dès lors ses exploits sans nombre. Pour son roi, il vainquit mille ennemis, pacifiant la Flandre et le Vermandois, la Beauce et la Champagne.

Or, pour l'honorer mieux qu'aucun des barons, Charles le choisit pour servir son repas, au jour de Pentecôte, avec son frère Girard. Au milieu du festin un messager parut.

– Longue vie et prospérité à l'empereur Charlemagne! s'écria-t-il d'abord. L'un de vous pourrait-il m'apprendre quels de ces seigneurs sont Régnier et Girard, les fils de Garin?

– Me voici, avec mon jeune frère. Que nous veux-tu?

– Je suis mandé par vos frères pour connaître vos exploits et vous apprendre les leurs.

» Milon a conquis la Pouille, et vous mande son récent mariage. Quant à Hernaut, son union est bénie par le ciel qui lui a envoyé un garçon, déjà resplendissant de beauté et de vigueur, et qui a nom Aymerillot. En retour, que dois-je dire de vous? Quels fiefs avez-vous conquis?

– Tu diras que l'empereur nous honore grandement, qu'il nous fait torcher ses bassines et soigner ses boissons. Mais n'oublie pas de dire qu'au surplus Girard n'est pas encore chevalier, et que je n'ai reçu ni bien, ni seigneurie.

A ces mots, l'empereur, courroucé, d'un seul coup de poing fit trembler la table et la salle entière.

– Avez-vous entendu cet ingrat? cria-t-il. En vérité, je me repens de toutes les bontés que j'eus pour ces fils de gueux, vrai gibier de potence!

– Sire, dit alors Régnier, blanc de rage, de quels bienfaits devrais-je donc vous garder gratitude? Si vous m'avez adoubé, n'ai-je pas loyalement défendu vos États? Et je n'en recueillis nul profit!

– Vassal, on m'a dit déjà qu'en tes discours tu te montrais félon envers ton empereur. Cette fois, c'en est trop, tu m'en rendras raison!

Girard, aussi doux que Régnier est violent, assistait atterré à cette querelle. Il se jeta aux pieds de Charles :

– Vous connaissez, noble sire, l'humeur de mon

frère. Vous le savez loyal et preux, et que la colère seule le fait manquer au respect. Beau doux sire, ne l'abandonnez pas! Votre courroux est certes légitime. Pour l'apaiser, laissez-nous faire pénitence. Nous prierons Dieu qu'il vous ait toujours en sa sainte garde.

Tant de douceur et de loyauté calmèrent un peu la fureur du roi. Puis les barons prirent la défense de Régnier. N'était-il pas l'un des plus valeureux gentilshommes de France? Puissent les grands services qu'il avait rendus lui faire pardonner cette témérité! L'on murmurait que le fief de Gênes se trouvait précisément abandonné, par la mort du duc, aux mains inexpertes d'une toute jeune fille. Régnier, en l'épousant, recevrait un beau fief – et l'on aurait trouvé un défenseur pour Gênes. L'empereur médita longuement.

– Il est vrai, dit-il enfin, que je dois beaucoup à Régnier. Eh bien, soit! Pardonnons-lui encore. Il aura la fille et le duché. Mais qu'il s'en aille!

Les barons, étonnés et ravis, s'empressèrent autour de Régnier :

– Que voilà un généreux don! Comment remercier ton empereur de toutes ses bontés?

Mais lui, sans s'émouvoir :

– Sire, merci, dit-il. J'accepte.

Puis il rendit hommage à son roi.

A Gênes il épousa la fille du duc et en eut deux enfants : Aude, et son frère le vaillant Olivier.

★

Girard resta encore cinq ans auprès de Charlemagne qui l'avait fait chevalier et qu'il servait en toute loyauté.

Or, il advint que le puissant duc de Bourgogne, Aubery le Bourgoing, mourut subitement. Sa veuve sollicita une audience de l'empereur qui, pour la recevoir dignement, la fit escorter de cent jeunes chevaliers, sous la conduite de Girard.

La jeune veuve était noble et superbe. Girard était fier et plein de grâce, et ne déplut pas à la belle duchesse. A peine introduite chez l'empereur, elle expliqua l'objet de sa visite : ses biens étaient vastes, elle ne pouvait les défendre seule. Charles devait lui choisir aussitôt un autre époux, ou bien ses terres seraient la proie de ses voisins.

– Dame, vous parlez sagement, dit l'empereur. j'y avais songé. Mon écuyer, Girard, est vaillant et loyal. Vous siérait-il de l'avoir pour époux?

– Sire, dit la duchesse, je suis votre vassale et je prendrai celui que vous me destinez.

Charles avait les yeux fixés sur elle, et soudain, en son cœur, il sentit un trouble tout nouveau. Éclatante et superbe, elle paraissait née pour les plus brillants destins. Et le désir lui vint de la prendre pour femme. Girard en trouverait quelque autre, assurément !

– Dame ! s'écria-t-il, plus je vous vois et plus je me persuade que vous n'êtes pas née pour rester une vassale. Je ne vous offre plus mon écuyer, madame. Si vous le voulez, c'est moi-même que vous épouserez.

La duchesse songea que le goût du roi était peut-être simple caprice. Puis Girard lui avait plu mieux que tout autre.

– Sire, dit-elle, ne vous moquez point. Une sujette ne peut épouser un grand monarque !

– Vous parlez, madame, sans sagesse. Mieux vaut s'élever que déroger par le mariage.

– Eh bien ! sire, permettez au moins que j'y songe jusqu'à demain.

Ce délai accordé, la dame fit aussitôt appeler Girard, et, d'un air hautain :

– Je vous ai fait mander, dit-elle, mon jeune

bachelier, afin de vous apprendre que le roi m'a offert son trône et sa main. Mais comme vous me plaisez, c'est vous que j'épouserai.

– Madame, répondit Girard, blessé du ton autant que des paroles, le monde est-il changé, que les dames s'offrent d'elles-mêmes aux épouseurs? Je n'ai point, que je sache, demandé votre main.

Il la salua, et partit plein de courroux.

La dame ne se tint plus de honte et de douleur et l'envoya chercher une seconde fois. Girard lui fit répondre qu'elle saurait sa décision une quinzaine de jours plus tard.

Sur ces entrefaites, voici qu'on annonça l'empereur. Telle était sa rage d'avoir été bafouée que la dame l'accueillit avec joie.

– Sire, dit-elle, j'ai mûrement réfléchi, et je serai heureuse d'être votre reine, fût-ce quelques mois, plutôt que de couler dans la médiocrité tous les jours de mon âge.

Charles, tout joyeux, fit dire à ses barons qu'ils auraient désormais à la cour une reine. Et tous, d'une voix, acclamèrent celle que leur sire s'était choisie.

Girard, apprenant la nouvelle, se trouva fort

courroucé : certes, il avait dédaigné la duchesse. Mais le fief ne lui était-il point promis?

Les barons, après les épousailles, rappelèrent à Charles sa promesse. Malgré la haine secrète de la reine, il estimait trop son écuyer pour lui manquer d'égards. C'est ainsi que Girard reçut la seigneurie de Vienne, ville très forte et entourée d'une terre riche à souhait.

En ce temps-là, quiconque recevait un fief en rendait hommage à son suzerain. Selon l'usage Girard vint en recevoir l'investiture.

C'est le moment que la reine avait choisi pour assouvir sa vengeance. A l'instant où Girard, un genou en terre, venait baiser le pied de son empereur, elle glissa son propre pied et le lui fit baiser — lui infligeant ainsi l'humiliation suprême.

Girard, sans s'être aperçu de sa méprise, partit pour son duché. Il fit dans la ville une entrée triomphale, parmi les vivats et les acclamations de ses sujets.

★

Dix ans s'étaient écoulés. Le jeune écuyer Girard était devenu un puissant seigneur, qui avait femme et enfants. Dame Guibour était son épouse, et elle lui avait donné deux garçons : Savary et Otton.

Donc, il se trouvait à une fenêtre de son château quand il vit paraître au loin trois jeunes cavaliers. L'un allait en avant. A sa belle prestance, il reconnut un enfant de sa race : c'était Aymerillot, le fils d'Hernaut de Beaulande. Il l'accueillit à grands transports de joie. Il voulut connaître les prouesses de son frère, les jeunes exploits de ce beau neveu. Mais l'enfant paraissait rongé par quelque obsession secrète. A peine s'animait-il un instant au souvenir des victoires de son père, de ses combats heureux contre des brigands nombreux et bien armés qu'il avait, malgré sa jeunesse, massacrés à lui seul. Il retombait aussitôt dans un silence farouche.

Dès qu'il fut seul avec Girard :

– Je reviens de Saint-Denis, dit-il, j'ai vu l'empereur et la reine. Ah! mon oncle, l'horrible chose!

– Qu'y a-t-il? dit Girard. Enfant, parle, qu'as-tu appris?

– J'avais reçu un bel accueil, déjà Charles parlait de m'adouber de ses mains. Un jour, il était absent. La reine me pria de rester auprès d'elle. Mon oncle, elle vous a fait affront publiquement, et vous ne l'avez jamais su. Elle a tout dit, elle s'en est devant moi vantée à quinze barons !

Aymery dit le geste infâme. Dans sa rage aveugle, Girard veut mettre à feu et à sang le royaume de France.

– Qu'il n'y reste plus un château, un monastère, ni une ville debout ! s'écrie-t-il tout d'abord.

Il appelle à lui son vieux père et ses frères, afin de prendre leur avis.

– L'empereur, dit Garin, ignore tout peut-être. Qu'il punisse la coupable et nous serons satisfaits; s'il nous brave, alors nous lui ferons une guerre inexorable !

Ce conseil fut entendu, et Girard, avec tous les siens, vint demander justice au roi.

Ils en reçurent d'abord un accueil chaleureux. Mais quand ils eurent présenté leur requête :

– Voyez donc, dit-il au sénéchal, si l'on a manqué à ces vassaux. Car s'il en est ainsi, je leur ferai réparation. Mais sinon, ils seront punis. Car Girard et Régnier tiennent de moi leurs fiefs, et ne m'ont jamais servi depuis qu'ils leur furent octroyés.

– Sire, dit le sénéchal, que Girard vous paye son dû, toutes ses redevances pour les années passées. Alors, vous jugerez sa plainte!

Au cœur de Girard l'affront était trop cuisant. La vengeance d'abord! Il se refusait à tout accommodement. Garin l'approuva.

– Voyez ce vieillard intraitable! Sa main tremble, son front est chenu, et il tient tête à l'empereur, il se rebelle! Voyez ce héros qu'on abattrait d'un souffle!

Et les barons de railler, de se moquer. Alors Girard et ses frères se jetèrent sur les insulteurs l'épée à la main. Ce fut une mêlée épouvantable. Garin et ses fils en réchappèrent, malgré le nombre de leurs ennemis, tant leur ardeur était indomptable. Poursuivis de près par les barons de Charles, ils s'enfuirent à Vienne.

Désormais la guerre seule pouvait clore les débats. De part et d'autre on la prépara avec fureur.

Charles leva de puissantes armées. Girard entassa dans sa ville de Vienne des provisions qui lui permissent de soutenir un siège et de nourrir pendant sept ans plusieurs armées.

Pendant cinq années entières, Charles assiégea Vienne sans venir à bout de ce forcené de Girard, non plus que d'aucun de ses vassaux obstinés. Car autour du duc de Vienne s'étaient groupés ses parents : Garin et ses fils, Aymerillot, Olivier et sa sœur Aude, dont la présence réconfortait chacun.

Près de Charles combattaient mille barons valeureux, la fleur de la chevalerie : entre autres Roland le paladin, neveu de l'empereur. Mais nul moyen d'entamer la résistance. On dévasta la campagne environnante. Girard était ruiné, mais ne se rendait pas.

Vers ce temps-là, on annonça au camp des Français de grandes réjouissances. Le preux Roland s'ennuyait et en son honneur allait avoir lieu un grand tournoi, une quintaine comme on disait encore.

Roland croyait l'emporter sans peine. N'était-il pas le plus brave des jeunes chevaliers francs? Il éprouva donc un grand dépit en voyant tous les yeux se diriger, non pas vers lui, comme de coutume, mais vers un jeune étranger de belle mine qui, sans vouloir dévoiler son nom, désarçonnait tour à tour ceux qui se mesuraient à lui.

L'empereur, charmé, le pria enfin de se faire connaître.

– Je suis Olivier de Gênes, fils de Régnier et neveu de Girard! proclama-t-il fièrement.

Au même instant, il tournait bride et volait vers Vienne.

Tous les barons coururent à sa poursuite. Par malheur, son cheval se renversa dans sa course et il eût été capturé, si son père et ses oncles n'étaient arrivés à point pour le secourir. Il repartit aussitôt, plein d'ardeur. Et Roland, malgré l'empereur, alla derechef à sa rencontre.

Au même instant, la belle Aude, avertie du danger que venait de courir son frère, se précipitait, seule, à travers la plaine, pour voler à son secours.

La douce et tendre apparition, dans la lumière du soir, frappa chacun d'admiration. A sa vue, Roland oublia Olivier, et Vienne, et le combat qu'il voulait livrer. En un clin d'œil il fut près d'elle, l'enleva de terre et déjà l'emportait sur son cheval, à demi morte de frayeur, quand Olivier, accouru aussitôt, le somma de lui rendre sa sœur.

— Vassal, répondit Roland de son air insolent, la belle est à moi, et je la garde.

— Attaquer une femme est une lâcheté! Si vous avez du cœur, sire Roland, vous vous mesurerez avec moi sur l'heure!

Roland ne peut refuser le combat. Tous deux se précipitent l'un sur l'autre à si grand fracas qu'ils en sont tout étourdis; puis soudain, Olivier fait voler en éclats le heaume de Roland. Peu s'en faut qu'il ne l'ait tué du coup!

Affolé, le cheval de Roland s'enfuit à toute allure, tandis qu'Olivier saisit sa sœur au vol, et, la rassurant de son mieux, la ramène dans Vienne.

★

Roland revint, tout pantelant, au camp français. O honte! Le héros invincible avait dû fuir! Le comte Lambert s'offrit aussitôt à le venger. Il courut sus à Olivier avec une grande bravoure. Mais, comme en se jouant, le jeune homme s'en rendit maître en un moment.

Il appela ses gens.

— Emmenez cet homme, il est mon prisonnier! dit-il avec dédain.

Charles avait tout vu, et sa colère était extrême. Pour le coup, il fallait en finir! Il envoya tous ses gens aux portes de la ville, afin de couper la retraite aux Viennois. Mais ceux-ci, dans un suprême effort, se frayèrent un chemin et purent rentrer dans la ville, et lever les ponts à temps. Ils étaient sauvés!

Fou de rage, l'empereur commanda l'assaut.

Or, au moment où Roland s'élançait avec les siens, paraissait aux remparts Aude qui venait aider ses parents à se défendre. Roland s'arrêta aussitôt.

– Est-il permis, noble demoiselle, de connaître votre nom, votre parenté? Si je n'avais que des ennemis tels que vous, on ne me verrait pas souvent combattre!

– Messire, j'ai nom Aude, fille de Régnier de Gênes et sœur d'Olivier. Vous-même, seigneur, fîtes maintes prouesses éclatantes, je l'ai vu. N'êtes-vous point un prince? Et votre amie, elle doit être bien belle!

– Je suis Roland le paladin, et mon amie passe en noblesse et en beauté toutes les filles du monde!

– Ah! vous êtes Roland! En ce cas, vous connaissez

mon frère. Il ne fait pas bon se mesurer avec lui, n'est-ce pas?

– Quelle que soit la valeur de ce gentilhomme, sachez que devant lui ni devant personne, nul ne me verra trembler!

Et, plein de dépit, Roland s'en fut vers le roi.

– C'était bien le moment de pérorer avec les demoiselles! Tandis que vous entreteniez la belle, avez-vous vu comment a tourné le combat? Les flèches, la poix brûlante et les roches qu'on lançait sans relâche du haut des remparts, faisaient déjà reculer nos hommes. Soudain, Olivier sortit de la ville, tua dix des nôtres, fit au moins vingt prisonniers. Certes, la belle Aude s'est moquée de vous, en vous retenant ainsi loin du champ de bataille!

Cependant, Lambert avait reçu dans Vienne un accueil plein de courtoisie. Loin de le traiter comme un captif, chacun s'ingéniait, mais en vain, à lui faire honneur. Son front ne se déridait pas.

– Messire, dit-il enfin à Girard, prenez tout mon or et tous mes biens, et rendez-moi la liberté!

– Je n'ai que faire de vos richesses. Mais il est un don que vous pouvez me faire pour vous racheter, un don précieux entre tous : faites ma paix avec l'empereur Charlemagne.

– Vous serez satisfait, dit Lambert.

Dès le lendemain, on rendit au comte ses armes, son cheval, tout ce qu'il avait en entrant dans la ville. Puis, accompagné d'Olivier son vainqueur, il s'en alla, porteur d'une oriflamme blanche en signe de paix.

Plus de cent chevaliers coururent à leur rencontre. Mais Olivier s'avança droit vers le roi, et un genou en terre, s'écria :

– Que le Seigneur ait en sa sainte garde l'empereur Charlemagne !

– Enfant, quel est ton nom et quel est ton message ?

– Sire, je suis Olivier de Gênes. Mon oncle vous renvoie, sans rançon ni otage, le comte Lambert. Il se déclare votre vassal, prêt à réparer les torts qu'il eut envers vous. Mais il vous blâme d'avoir entrepris cette guerre et ravagé son pays, et vous prie de retourner en France.

– Oh ! oh ! Girard croit-il donc en être quitte pour si peu ? Qu'il vienne pieds nus, le front dans la poussière, s'humilier devant moi. A ce prix je consens à lever le siège.

– Jamais il n'y consentira, seigneur.

– Que règnent donc le carnage, la haine et la dévastation!

– Le prouverais-tu les armes à la main, que ton Girard n'a point trahi? dit Roland avec insolence.

– Oui, certes, et je relève ce défi!

– Eh! quoi, tu oses dire que Girard n'est point un félon, un parjure? repartit Roland, transporté de colère.

– Le duc Roland a la parole hautaine, mais sans doute il préfère les discours aux combats.

A ces mots, fou de rage, Roland s'élança, l'épée à la main. Il se maîtrisa pourtant, en songeant aux droits sacrés du porteur de message. Quand il se fut calmé, on convint qu'ils videraient leur querelle dans un combat à armes égales. Si Roland était vaincu, Charles et les Français retourneraient dans leur pays. S'il était vainqueur, Girard partirait avec toute sa parenté en exil.

Le combat eut lieu dans une île, au milieu de la rivière. Jamais on n'avait vu lutte si acharnée.

Le cheval d'Olivier fut tué dès la première passe.

– Montjoie! s'écria Roland, en ce jour, nous verrons la ruine de l'orgueilleuse cité, et Girard sera pendu!

Mais déjà son cheval s'abattait à son tour. La lutte reprit à pied, plus violente encore. Leurs armes volaient en éclat, leur sang ruisselait de toutes parts.

Durant une courte trêve, ils apprirent l'un l'autre à se connaître, et sentirent naître entre eux une vive amitié. N'étaient-ils pas du même âge, de valeur égale et d'égale loyauté? Roland dit son amour pour Aude. Olivier lui promit la main de sa sœur.

Elle, cependant, se désolait. Du haut des remparts, elle cherchait à voir le combat, et craignait d'en connaître l'issue. Car Olivier était son frère bien-aimé, et Roland, déjà, l'élu de son cœur...

Ils continuèrent à se battre jusqu'aux dernières lueurs du jour, jusqu'à sentir leurs forces défaillir.

Soudain un ange du ciel descendit entre eux. Et tous deux s'arrêtèrent, interdits, car une voix céleste leur disait :

– Arrêtez ce combat fratricide! Vous êtes deux chevaliers preux et loyaux : unissez-vous pour attaquer les félons, les infidèles Sarrasins. Vous y conquerrez plus de gloire, et vous servirez votre Dieu.

L'ange avait disparu. Mais ils l'avaient entendu, et ils firent aussitôt la paix.

– C'est la volonté de Dieu que nous soyons unis, dit Roland. J'apouserai votre sœur. Et puis, j'en fais serment, j'obtiendrai du roi son pardon pour tous les vôtres. S'il ne me l'accordait pas, je le quitterais plutôt pour rester à vos côtés!

Avant de se séparer, ils s'étreignirent longuement.

★

L'empereur entra dans une grande colère quand il apprit l'issue du combat. Il jura qu'il était trahi; il réduirait Vienne à sa merci malgré tous, dût-il même y rester encore des années!

Roland, fort courroucé, se retira dans sa tente.

Mais à Vienne on voulait la paix, et l'occasion s'en présenta bientôt.

Un souterrain, partant du château de Vienne, aboutissait au cœur de la forêt. Girard parvint, au cours d'une chasse de l'empereur, à attirer de ce côté le sanglier que l'on traquait, et à sa suite Charles lui-même, qui le suivait de près. Au moment où, après avoir tué la bête, le roi sonnait du cor, il se trouva soudain encerclé par ses ennemis, devant l'entrée béante du souterrain. Le grand empereur était prisonnier de son vassal rebelle!

Girard tenait le roi en sa merci. Mais, respectueux et fidèle, il s'agenouilla devant son souverain. Il imposa silence au jeune Aymerillot qui, bouillant de colère, voulait qu'on le tuât sur l'heure. Puis, en son nom et en celui de ses frères, il promit à Charles obéissance, et jura de ne tenir son fief que de lui seul et de partir pour l'exil s'il n'y consentait pas.

Charlemagne fut touché par tant de grandeur d'âme.

« J'oublie vos torts à tous, dit-il. Je vous pardonne et je vous aime. »

D'un geste, il les releva. Puis, comme il s'était perdu dans les bois, il accepta de bonne grâce l'hospitalité de Girard.

A Vienne, on rendait à l'empereur tous les honneurs imaginables. Les femmes, et parmi elles Guibour et Aude, lui firent leurs plus humbles révérences. A la vue de la jeune fille, Charles fut saisi d'admiration.

– Je ne veux pas d'autre épouse pour mon neveu Roland ! s'écria-t-il.

Au matin, Girard fit ouvrir les portes de la ville, et sans arme, dans ses plus riches atours, il escorta l'empereur vers son camp. Charles dit la conduite chevaleresque de Girard, à qui il pardonnait enfin. Et tous les barons de se réjouir : on allait donc retrouver son fief et son manoir, et tous les êtres chers, dont on était séparé depuis sept ans !

L'empereur jura qu'il réparerait les dommages causés par cette guerre à son vassal. Puis il demanda à Régnier la main de sa fille Aude pour Roland. Au doigt de la jeune fille qui défaillait de bonheur, Roland passa l'anneau des fiançailles.

Hélas ! tous s'abandonnaient à la joie en pensant à la paix et aux jeunes amours, quand un messager vint apprendre au grand roi une attaque nouvelle des Sarrasins : déjà ils menaçaient l'Aquitaine !

Charles dut une fois de plus réunir ses vassaux, et aller en Espagne châtier les infidèles. Girard et tous les siens partirent avec lui. La belle Aude, en quittant Roland, lui remit son enseigne blanche.

Et, gaiement, ils s'en furent vers l'Espagne lointaine et vers les sombres défilés de Roncevaux.

La chanson de Roland

I

LA TRAHISON

VOICI bientôt sept ans que Charlemagne est parti pour l'Espagne. Depuis sept ans il combat les infidèles, et tous leurs châteaux, toutes leurs cités, tour à tour, sont tombés sous ses coups. Seul son dernier ennemi reste debout. Saragosse résiste encore et son roi Marsile s'acharne à la défendre.

Il y est parvenu jusqu'alors. Mais comment résisterait-il à toute la puissante armée française?

Marsile demande conseil à ses barons. Que faire pour éviter la honte et le pillage? L'un d'eux, Blancandrin, prend la parole.

– Charlemagne et ses preux guerroient dans notre pays depuis sept ans. Il est grand temps qu'ils retournent dans leurs terres. Si vous m'en croyez, vous agirez par ruse.

» Envoyez-leur de riches présents, de l'or, de quoi payer tous leurs soldats. Promettez de rendre hommage à l'empereur et de recevoir le baptême chrétien... à la Saint-Michel, quand il sera rentré en France. S'il le faut, envoyons des otages, nos propres enfants au besoin; ils nous sont moins nécessaires que nos fiefs et que notre honneur. »

Marsile n'hésite pas à suivre ce conseil plein de sagesse. Il envoie à Charlemagne dix barons, qui doivent lui procurer une bonne paix. S'ils y réussissent, ils auront terres et biens à foison.

Charles devisait parmi les preux dans un verger fleuri. A sa droite est Roland, son neveu tant chéri, voisin comme toujours d'Olivier. Autour d'eux, le vieux Girard de Roussillon, Gérin et son ami Gérier, l'archevêque Turpin, le duc Ogier.

Les dix barons païens vont droit à l'empereur et lui délivrent leur message : leur maître sera son fidèle vassal, il embrassera la foi chrétienne. Il lui enverra des richesses sans nombre, et en gage vingt otages, s'il consent à retourner en France.

Charles reste songeur; car Marsile a toujours été un ennemi perfide. Puis il prend l'avis de ses barons.

Roland, tout bouillant, se dresse le premier.

– Croirez-vous un félon, Sire, que vous avez vaincu et qui prépare quelque nouvelle trahison? Voilà sept ans que nous combattons. Assiégeons Saragosse et vengeons ceux que Marsile fit périr!

Tout autre est l'avis de Ganelon. Il a épousé la mère de Roland, mais les deux barons ne s'aimaient guère.

– Sire, la guerre est longue, dit-il, et Marsile offre de vous rendre hommage. N'écoutez pas les conseils orgueilleux, la sagesse commande de répondre avec courtoisie.

Et tous les Francs de répéter :

– Il a raison.

– Quel messager enverrai-je? dit l'empereur.

– Eh! mais, envoyez Ganelon, puisqu'il est

si sage ! s'écrie Roland. Tous applaudissent à ce choix.

Seul, Ganelon reste sombre. Il ne pardonne pas à Roland de l'avoir fait choisir, car il connaît la félonie des païens. On peut tout craindre de ces mécréants ! Et déjà il songe à se venger.

Pourtant, il va à Saragosse. Plût à Dieu qu'il n'y fût point allé ! Car il a juré la perte de Roland.

Il explique ses plans au roi Marsile.

– Charlemagne, si vous lui faites hommage et si vous embrassez la foi chrétienne, vous laissera la moitié de l'Espagne ; l'autre sera pour son neveu Roland. Mais il retournera en France, et vous n'aurez plus de guerre meurtrière. Il laissera à l'arrière-garde Roland avec les plus vaillants de ses preux – tout au plus vingt mille guerriers. Vous les exterminerez sans peine. Alors vous serez sûr de la paix. Charles aura perdu la fleur de sa chevalerie. Lui et la France en auront grande honte et grande douleur.

– Jurez, lui dit Marsile, que Roland et les douze pairs seront à l'arrière-garde.

Ganelon a juré sur les saintes reliques. Le Sarrasin jure à son tour sur Mahomet et Apollon.

Le traître reçoit les riches dons des païens, puis il retourne vers l'empereur.

Il lui apporte tous les gages demandés. L'Espagne paiera tribut. On peut retourner en France.

Charlemagne, tout joyeux, prépare son retour. Il faut à son armée de preux guerriers à l'arrière-garde, de preux aussi à l'avant.

Ganelon le conseille, perfide :

– A l'arrière, qui mieux que Roland tiendra en respect la gent infidèle? Ogier le Danois pourrait être à l'avant.

Sombres pressentiments! L'empereur croit deviner un malheur qui le guette. Mais Roland a accepté la tâche périlleuse, il ne s'en dédira pas.

– Au moins, dit Charles, que la moitié de mon armée soit avec vous!

– Jamais! répond Roland. Je garderai, s'il vous plaît, vingt mille guerriers vaillants. Moi vivant, ne craignez rien, et rentrez avec votre armée en douce France.

Les douze pairs, et d'autres barons très preux, restent avec Roland : Olivier, Gérin et Gérier, l'archevêque Turpin. Rien à craindre avec de tels soldats.

Charlemagne, pensif, chevauche vers la France, à la tête de son armée. Par-delà les monts, il laisse Roland, son neveu tant chéri. Ganelon conseilla de mettre Roland à l'arrière-garde. Or, en songe, il a vu Ganelon lui briser sa lance entre les mains... Charlemagne va, songeant tristement, et les Français partagent ses alarmes. Dieu veuille que Ganelon n'ait pas trahi !

Cependant, à Saragosse, Marsile a réuni ses guerriers : ils sont bien quatre cent mille qui jurent par Mahomet d'abattre les chrétiens et d'occire Roland avec tous ses preux. C'est vers Roncevaux qu'ils vont à belle allure, vers Roncevaux où sont les chevaliers français.

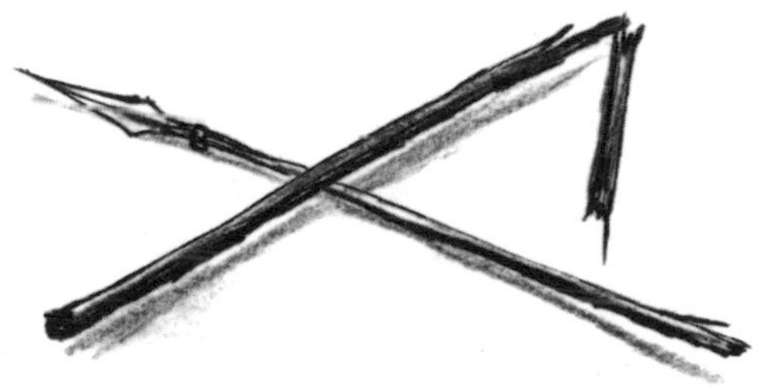

II

LA MORT DE ROLAND

Roncevaux, les Français devisent joyeusement entre eux, ils ignorent le danger qui s'approche...

Cependant, Olivier est monté sur un rocher très haut d'où il découvre la campagne lointaine. O rage! Les armées sarrasines s'avancent de toutes parts, les plaines et les vallons en sont couverts. Vers Roncevaux, ils chevauchent tous à fière allure. Le soleil fait briller leurs heaumes et leurs lances. Ses yeux ne peuvent les compter.

Il court avertir les siens.

– Trahison! Trahison! Voici les païens qui s'avancent, ils sont plus de cent mille pour nous livrer bataille. Ami Roland, sonnez de votre cor.

« Olivier est monté sur un rocher très haut... » *Page 96.*

L'empereur n'est pas loin, il ramènera l'armée.

– Je serais bien fou, dit Roland, dès la première alerte, de faire rebrousser chemin à l'armée tout entière. Les Sarrasins nous attaquent? Qu'ils se préparent à bien mourir. Nous saurons bien les réduire à nous seuls, et aucun d'eux ne survivra pour conter ses prouesses. Nous acquerrons ainsi une grande renommée.

– Ami Roland, j'ai vu les Sarrasins d'Espagne. Leur armée couvre la plaine et les montagnes. Voulez-vous tous nous faire mourir? Qui vous blâmerait d'avoir appelé à l'aide? Sonnez de l'olifant, Charles vous entendra.

Roland ne veut pas appeler l'empereur pour des païens. Car il craint la honte bien plus que la mort.

Cependant, les Sarrasins approchent. Déjà on les distingue, toujours plus nombreux.

– Olivier, tu disais vrai, s'écrie Roland. Pour l'or du roi Marsile, Ganelon nous a trahis. Or donc, vendons chèrement notre vie!

Les Français se serrent autour de lui, et Turpin, du haut d'un rocher, prêche et les confesse tous. Il les absout et les bénit. Maintenant, ils peuvent mourir dans les combats : leur âme ira droit en paradis.

Roland est monté sur son cheval Veillantif. Il brandit Durandal, sa bonne épée :

– Seigneurs barons, dit-il, c'est pour leur mort que les païens seront venus nous attaquer. Soyons preux et vaillants, et nous ferons un plus riche butin que jamais ne fut fait en France !

Mais voici les Sarrasins, farouches et braves, eux aussi, et guidés par le neveu de Marsile.

– Ah ! félons, s'écrie-t-il, bien fol est votre empereur qui vous a laissés en arrière ! France y perdra son honneur, et Charles tous ses preux !

Mais Roland, pâlissant de colère, s'élance l'épée en main. D'un coup, il abat son adversaire.

– Voyez, le premier coup est à nous ; hardis chevaliers, c'est le signe de notre bon droit. La victoire nous appartient !

Hélas ! les armées sarrasines sont nombreuses et fraîches. La première, à grand'peine, est pourtant repoussée. Mais derrière elle en naît une autre, puis une troisième. Marsile en personne vient diriger leurs coups. Les Français font mille prouesses. Les ennemis les plus valeureux tombent devant eux. Ils sont un contre vingt, et ne reculent pas d'un pouce...

Mais à grande douleur ils achètent cette gloire.

Chacun voit près de lui tomber son frère, son ami. Jamais ils ne reverront la France, ni leur village, ni les femmes et les enfants qui pleurent au loin sur eux. Et ils ne reverront plus l'empereur qui là-bas les attend.

. . . .

Alors on vit en France une chose surprenante, et telle qu'on n'en avait jamais vue : un ouragan dévasta le pays, la tempête fit rage, et la terre même trembla. De Saint-Michel du Péril-de-la-Mer jusqu'à Sens, de Besançon jusqu'à Ouessant, la foudre tomba sur les maisons qu'elle mit en poudre, les ténèbres envahirent le ciel où les éclairs seuls illuminaient soudain le sol ravagé. On s'effraya de si terribles présages; on crut à la fin du monde. Nul ne savait la vérité : c'était le grand deuil pour la mort de Roland.

A Roncevaux, les cadavres s'amoncellent. Des survivants, combien sont encore sains et saufs, combien ont encore leurs chevaux et leurs armes? Pour un Français mort, vingt, cinquante, cent païens ont rendu l'âme. Marsile est cinq fois revenu à la charge; cinq fois il recula. Mais à la longue, les meilleurs chevaliers ont péri, hormis une soixantaine; parmi eux sont Roland, Olivier et Turpin.

Devant cet effroyable massacre, Roland se tourne vers son compagnon.

— Olivier, mon ami cher, voyez tous ces barons blessés à mort à nos pieds. Que Charles, notre empereur, n'est-il auprès de nous! Comment lui mander nos peines?

— Je ne sais, dit Olivier. Mieux vaut mourir que souffrir la honte!

Mais Roland :

— Je vais sonner de l'olifant. L'empereur entendra, il viendra nous secourir.

— Ce serait lâcheté que de sonner du cor. Quand je l'ai dit, vous ne m'avez point entendu. N'attendez point que je vous approuve.

— Je sonnerai du cor et Charles accourra vers nous.

— Si tant de Francs sont morts, à vous en est la faute, dit Olivier; vous avez fait une grande folie. Maintenant, le temps est passé, il nous faudra tous mourir, et la France en sera honnie.

Turpin entend les preux se quereller; il accourt aussitôt et va les accorder.

– Certes, il est trop tard, dit-il, nous mourrons en tout cas. Pourtant, je vous conseille de sonner maintenant. Si le roi vient, il nous vengera et la France douce ne perdra point l'honneur. Nos amis nous porteront en terre sacrée. Sire Roland, sonnez de l'olifant.

Donc, Roland porte son cor à la bouche. De tout son souffle il sonne, désespérément. L'écho des monts répète à l'infini son appel : il parvient jusqu'à Charles. C'est à grande douleur que Roland sonne. Le sang lui sort de la bouche, son cerveau bat contre sa tempe.

Les Français, dans les vallées lointaines, entendent le son du cor avec toute sa détresse. Charles s'arrête derechef.

– C'est le cor de Roland. Il ne sonna jamais, sinon dans les combats. Mon neveu est trahi, et les félons l'attaquent!

Ganelon chevauche auprès de lui :

– Sire, dit-il, Roland a trop d'orgueil. Vit-on jamais votre neveu appeler à l'aide? Sans doute il chasse dans les monts d'Espagne.

Roland continue à sonner. Il lui semble que sa

tête éclate, le sang jaillit de ses oreilles. Pourtant, il sonne toujours.

Charles entend le son, qui va faiblissant. Ganelon a beau dire, il faut voler au secours de Roland. Et l'empereur fait rebrousser chemin à son armée.

Mais si Roland a été attaqué... c'est donc qu'il fut trahi! Ganelon qui traita avec Marsile, Ganelon qui conseilla de laisser Roland et ses preux à l'arrière-garde, Ganelon est le traître qui a vendu le vaillant baron!

Charles, à cette pensée, entre dans une grande colère, et décide sur-le-champ de châtier le coupable avec éclat. Il le livre à ses maîtres-queux, qui le garderont étroitement et lui feront subir mille avanies. Et puis, de retour à Aix, il sera jugé et puni selon ses fautes.

Les Francs chevauchent avec ardeur. Roland sera-t-il encore vivant? Tous plaignent les pairs, et se lamentent, et prient le ciel d'épargner Roland. Hélas, il est trop tard, et c'est peine perdue.

A Roncevaux, le combat continue. Marsile, avec cent mille hommes, est forcé de reculer, puis de fuir en déroute devant quelques chevaliers français.

Mais des renforts lui permettent de se reformer une fois de plus. Roland comprend alors que son heure est venue. Auprès de lui, seuls respirent encore Olivier, Turpin et Gauthier, un loyal baron.

Olivier, le premier, se sent blessé à mort par un mécréant qu'il tue au même instant. Mais, Dieu! quelle douleur en éprouve Roland!

Olivier sent les affres de l'agonie, il se couche à terre auprès de son ami, et dévotement prie le Seigneur. Il bénit la France et Charles, son empereur, et Roland son compagnon. Puis, tout d'un coup, sa tête retombe : il est mort.

Roland, très doucement, le plaint et se lamente. Telle est sa douleur qu'il perd lui-même connaissance.

Quand il retrouve ses esprits, Gauthier est mort à son tour et Turpin grièvement blessé. Pour savoir si les Français approchent, il sonne du cor, très faiblement.

Charles, à l'entendre, sait que Roland est au bout de ses forces. Il chevauche plus vite encore, s'il le peut. Puis il fait sonner tous ses clairons.

Les païens l'entendent, ils voient Roland toujours debout, que pas un de leurs traits n'a atteint. Alors, sur lui et sur Turpin ils déchargent leurs lances, et s'enfuient, abandonnant la place. Car les Français approchent à grands pas, et déjà s'entend au loin leur cri : « Montjoie ! ».

Roland est resté seul debout, et vainqueur.

Turpin bénit encore tous ses preux compagnons, puis il meurt. Roland est seul désormais, et sa mort est prochaine. Par ses oreilles, il sent son cerveau s'échapper. Lors, il prend d'une main son cor, de l'autre son épée, et monte sur une hauteur, d'où il domine la sombre vallée. Puis il cherche à briser son glaive; il frappe sur la terre avec rage : l'acier grince mais ne cède pas. Faudra-t-il que Durandal, la blanche et belle, tombe aux mains d'un Sarrasin? Roland s'évertue, il frappe sur un rocher : Durandal est intacte, et le rocher se fend.

Derechef Roland la plaint dans son cœur. Il fait vœu qu'elle n'appartienne jamais à un païen, puisque une arme si sainte ne peut être brisée.

Il sent que la mort l'entreprend, et va se coucher près d'un pin. Sa face est tournée vers l'Espagne et sous lui il a placé son cor et son épée. Le comte Roland veut, quand Charles, avec ses Français, le trouvera, qu'il dise :

– Mon neveu est mort en conquérant!

Roland sait qu'il a fini son temps. Il se frappe alors la poitrine, il bat sa coulpe, et implore le pardon de Dieu pour ses péchés.

Puis il se prend à songer à ce que fut sa vie, aux terres nombreuses qu'il a conquises, à douce France qu'il a tant chérie, à l'empereur et à tous ses parents. De nouveau, il pense à son salut et prie Dieu de préserver son âme. Et les anges du Ciel descendent vers lui. Mains jointes, il expire.

Dieu lui envoie son ange chérubin, et saint Michel du Péril de la Mer. Avec eux vint encore saint Gabriel. Et tous, ils portent l'âme du comte en paradis.

III

LE CHATIMENT

E roi et son armée sont accourus en grande hâte : les voici à Roncevaux. Partout où leurs regards se posent ils voient les cadavres de ceux qui furent leurs compagnons, leurs frères. Qui d'entre eux n'en mènerait grand deuil?

Charles se lamente plus que personne. Il a perdu son neveu tant aimé, il a perdu ses douze pairs, il a perdu la fleur de sa chevalerie.

Le duc Naimes s'est repris le premier. Il a vu, à deux lieues devant eux, les païens qui s'enfuient.

– Sire, dit-il, permettrez-vous que tant de morts si chers demeurent sans vengeance? Courons sus aux païens; quand ils seront taillés en pièces, alors nous pourrons rendre à nos amis les honneurs qu'on doit aux morts.

Ce conseil est entendu, et la chevauchée reprend

avec acharnement. Car le soleil va disparaître à l'horizon... Mais pour son serviteur, Dieu fait un grand miracle : il arrête la marche du soleil. Les Francs atteignent leurs ennemis, les frappent, les massacrent, et se vengent cent fois de leurs pertes.

Soudain, devant les mécréants qui fuient, apparaît un fleuve puissant : c'est l'Èbre, que dans leur course impétueuse ils n'ont pas aperçu. Tous sont entraînés par leur élan : et le courant rapide les engloutit en ses eaux profondes.

De cette affaire, aucun païen ne réchappa : tués ou noyés, ils ont péri jusqu'au dernier.

Alors, le soleil se coucha.

★

Aux premières lueurs du jour, l'empereur retourne à Roncevaux. En atteignant le funeste vallon, Charles met pied à terre. Seul, il s'avance à pas lents, et va, cherchant le corps de son neveu. C'est au point culminant du vallon qu'il le découvre, près d'un pin. Il le presse dans ses bras, il se lamente, il le regrette tendrement.

– Nul ne m'était précieux autant que toi. Mon neveu, mon ami, qui désormais pourra soutenir mon honneur? D'aussi preux que toi, il n'en est pas sur terre. Je vais rentrer en France, mais désormais je coulerai des jours inutiles, puisque j'ai perdu le plus grand bien qui soit, mon ami fidèle et vaillant.

L'empereur arrache ses cheveux et sa barbe fleurie, il prie Dieu qu'il ait Roland en sa merci.

Puis, tous les morts, on les a transportés dans un charnier, et en grande pompe on les a enterrés, dans un parfum de myrrhe et de timoine. Sur l'ordre de Charles, on a mis à part les corps des plus vaillants, Turpin, Olivier et Roland. On leur a fait des cercueils de marbre, on a recouvert leurs corps de riches draperies de soie, et on les a ramenés en France.

Charlemagne revient avec tous ses guerriers. Ils vont vers Bordeaux, où sur l'autel de l'église Saint-Seurin on dépose l'olifant, précieuse relique du héros. A Blaye, non loin de la grand'ville, le roi conduit les dépouilles de Roland, d'Olivier et de Turpin. Les Français, en les quittant, les recommandent à Dieu.

Car la chevauchée continue vers Aix-la-Chapelle, où Charles a grande hâte de se retrouver enfin. Il y mande tous ses vassaux, ceux de Saxe et de

Lorraine, Allemands, Bourguignons, Normands et Poitevins, et surtout les Français, les plus sages de tous. Car maintenant on va juger le traître Ganelon.

Charles, entrant dans la grand'salle, voit venir vers lui une jeune fille tout éplorée : c'est Aude, la sœur du vaillant Olivier, la fiancée de Roland.

— Sire, dit-elle, j'ai revu vos barons par centaines, qui tous s'en revenaient de la guerre d'Espagne. Parmi eux, je n'ai point distingué Roland, votre neveu, qui en partant m'engagea sa foi pour jamais. Sire, dites-moi bien : où est Roland le preux?

Le vieil empereur sent de ses yeux couler les larmes amères, car un cuisant chagrin ronge toujours son cœur.

— Amie, Roland n'est plus.

Il ne peut en dire davantage. La belle Aude, sans connaissance, est tombée à ses pieds. Plein de pitié, il veut la relever, mais Dieu déjà lui a ravi son âme.

Quand Charles la voit morte, il la fait emporter par quatre comtesses en un monastère de nonnes qui pour elle restent un jour et une nuit en prières; et près d'un autel on l'a enterrée.

Charles a réuni le grand conseil de ses barons, et les prie de juger Ganelon.

– Il a trahi ses pairs, dit-il, et pour l'or des mécréants !

A ces mots, Ganelon se récrie :

– J'ai défié Roland et tous ses compagnons. mais Roland ne m'a-t-il pas d'abord montré sa haine, en me désignant pour cette ambassade chez Marsile? Je me suis vengé, mais je n'ai point trahi.

Ganelon réunit ses parents. Le plus vaillant d'entre eux, Pinabel, n'a jamais été vaincu en combat singulier. Il promet de prouver, les armes à la main, le bon droit de Ganelon.

Aussitôt, Thierry d'Anjou se propose à Charles comme champion de Roland. S'il meurt, Ganelon a raison, et Charles lui pardonne. S'il est vainqueur, Ganelon est traître, et ses trente parents mourront avec lui.

Les deux chevaliers revêtent le heaume et le haubert, et, à cheval, entrent dans le champ clos.

Le combat demeure longtemps indécis. Soudain, Pinabel blesse en plein visage Thierry, qui chancelle... mais se ressaisit. Il frappe Pinabel avec une telle violence que son crâne vole en éclats, et la cervelle en sort. D'un coup de son épée, il l'a abattu mort.

Dieu a rendu clairement son arrêt.

Pour Ganelon, nul supplice ne sera trop affreux. A chacun de ses quatre membres on attache un cheval fougueux. Son corps est tiré, écartelé, de tous côtés à la fois. Le sang se répand partout sur l'herbe du pré, et avec d'affreuses douleurs le traître Ganelon trépasse à grande honte.

Du preux Roland la mort est bien vengée.

La légende de Guillaume d'Orange

I

LE COURONNEMENT DE LOUIS

JE vais maintenant vous présenter un héros que vous aimerez, j'espère, autant que l'ont aimé, au temps jadis, tous ceux qui avaient ouï parler de ses exploits sans nombre et de toutes ses vertus de parfait chevalier.

Et les petits Français d'il y a huit cents ans savaient tous les hauts faits de Guillaume, le comte au Fier Bras, le courageux défenseur du roi et de l'Église.

Sa race est illustre. Vous connaissez déjà son

aïeul, Garin de Montglane. Peut-être vous souvenez-vous aussi d'Aymerillot qui combattit dans Vienne aux côtés de Girard. Cet Aymerillot était encore tout jeune lors du retour d'Espagne. La puissante citadelle de Narbonne était aux mains des musulmans, et l'empereur Charles avait commandé à tous ses barons de s'en emparer. Aucun ne voulait lui obéir. Celui-ci alléguait son âge, cet autre sa fatigue. Un comte affirmait l'entreprise impossible. Le vieil empereur, désespéré, pleurait une fois encore la mort des plus vaillants de ses vassaux, quand, seul de l'armée tout entière, Aymerillot s'était proposé.

Il s'était emparé de Narbonne, il s'y créa un fief redouté. Il eut sept fils dont l'un, Guillaume, devait faire pour l'empereur Charles plus encore que n'avait fait Aymeri.

Donc, Guillaume, dès l'âge le plus tendre, se montre pour le moins aussi vaillant que son père. Il est vainqueur de tous ses adversaires. Adoubé par Charlemagne, il délivre Narbonne assiégée par les Sarrasins, il sauve sa mère, ses frères, en maintes rencontres. Mais, par-dessus tout, c'est le plus loyal des chevaliers.

Or, le vieil empereur sent sa fin prochaine, et

son immense héritage excite bien des convoitises. Combien de puissants barons se croient plus capables de gouverner son empire que l'enfant de Charles, le petit Louis, frêle héritier de la plus belle couronne du monde!

Guillaume accourt, il saura déjouer les ruses et les complots qui ne manqueront pas de s'ourdir dès que la puissante main de Charles aura cessé de tenir le sceptre.

Car Louis a quinze ans, et s'il est pieux, son caractère est bien faible...

★

Charles a fait bâtir à Aix, sa ville favorite, une chapelle magnifique, puis il a réuni une belle cour plénière. Quatorze comtes gardent son palais, où les pauvres gens viennent se faire rendre justice, car toute plainte y est bien accueillie. Dix-neuf évêques, dix-neuf archevêques, vingt-six abbés et quatre rois porteurs de couronnes assistent à la première messe que le pape de Rome célèbre en personne.

Ce jour-là, l'offrande a été si belle que depuis lors on n'en a pas vu de telle dans toute la France. Et c'est au milieu de la cérémonie que Charlemagne veut couronner son fils.

La couronne impériale est placée sur l'autel et un archevêque monte au lutrin pour parler à l'assemblée.

– Barons, s'écrie-t-il, notre empereur Charles est vieux et chargé d'ans : il va bientôt quitter cette vie. Mais il a un fils, et voudrait lui léguer sa couronne.

A ces mots, tous les barons remercient Dieu d'avoir dicté à leur souverain une si sage résolution, qui les préservera du joug étranger.

Cependant, Charlemagne appelle son fils auprès de lui.

– Beau fils, dit-il, écoute-moi bien. Regarde cette couronne qui est déposée sur l'autel. Je veux te la léguer, mais il faut t'en montrer digne. Ne commets pas d'injustices, sois honnête et sois preux. Ne dérobe pas le bien des orphelins. Si tu veux exécuter mes commandements, gloire à Dieu, et prends cette couronne! Je la poserai sur ta tête. Mais, mon fils, si tu ne veux pas être tel que j'ai dit, laisse cette couronne et garde-toi d'y toucher. Si tu prends cette couronne, beau fils Louis, tu seras empereur de Rome, tu pourras conduire cent mille hommes dans tes armées, tu pourras écraser, confondre les païens et réunir enfin leurs terres aux tiennes. Si tu veux agir ainsi, prends cette couronne.

» Mais si tu veux abaisser la religion, défendre les péchés et les vices, ravir l'héritage de l'enfant et les quatre deniers de la veuve, au nom du Christ, je t'interdis, mon fils Louis, de porter la main sur cette couronne ! »

Le jeune homme entend ces paroles, mais il demeure immobile, rempli d'émotion et de terreur par les propos de son père.

L'assemblée entière est consternée. L'enfant n'a pas osé faire un pas, ni le moindre geste...

Charles est indigné, et donne libre cours à sa colère.

— Hélas ! s'écrie-t-il, me suis-je donc trompé à ce point sur mon fils? Ce lâche peut-il être de mon sang? Ce serait pécher que d'en faire un roi ! Qu'on lui coupe les cheveux, et qu'on en fasse un moine. Il sonnera les cloches, il sera marguillier; voilà les besognes qui lui conviennent !

En entendant ces mots, le traître et orgueilleux Hernaut d'Orléans conçoit un projet plein de perfidie.

D'une voix insinuante, il conseille Charlemagne :

– Juste empereur, écoutez-moi, et calmez-vous. Mon seigneur Louis est bien jeune, il n'a que quinze ans. Assurément, il est loin d'être un chevalier accompli, mais j'essaierai de le rendre tel si vous voulez bien me confier cette tâche. Pendant trois années, je gérerai pour lui son patrimoine, et s'il me paraît alors le digne héritier de son père, je lui restituerai de grand cœur ses terres et ses fiefs que j'aurai accrus.

– J'y consens bien volontiers, répond Charlemagne.

– Sire, merci, dit Hernaut, et tous ses parents se réjouissent ainsi que lui.

Mais à ce moment Guillaume d'Orange arrive à la chapelle. Son neveu Bertrand court à sa rencontre.

– Par Dieu, Seigneur, je viens d'entendre une grande félonie. Hernaut veut trahir l'empereur et enlever à Louis son royaume. Il va devenir roi de France, c'est déjà chose décidée.

– Non, non, reprend Guillaume, cela ne sera pas !

Il entre dans l'église, il va droit à Hernaut, et dans sa colère lui assène sur la nuque un tel coup que le traître en tombe mort à ses pieds.

Mais sa fureur n'est pas calmée, et il adresse encore au cadavre des reproches véhéments :

– Glouton, dit-il, que Dieu te confonde! Pourquoi voulais-tu trahir ton seigneur, au lieu de l'aimer, de le respecter, d'accroître ses terres et de défendre ses fiefs, comme tu le devais? Je voulais t'effrayer, seulement, et je t'ai tué. Mais qu'importe! Ta vie ou ta mort ne valent pas un denier!

Il aperçoit alors la couronne impériale déposée sur l'autel. Il la saisit et, s'approchant du jeune Louis, il la dépose sur sa tête.

– Au nom de Dieu qui est au ciel, mon bon prince, s'écrie-t-il, recevez cette couronne. Que le Seigneur vous donne assez de forces pour devenir un grand roi.

Charlemagne, plein de joie, assiste à cette scène.

– Sire Guillaume, merci, dit-il. En ce jour, votre race a grandi et elle a protégé la mienne.

» Et toi, mon fils, tu vas être le maître de tout mon empire : sache le garder, mais ne viole pas les droits des enfants ni de la veuve. Sers bien la sainte Église, garde-toi du Diable et fais largesse à tes chevaliers. Ainsi, tu seras toujours chéri de tous, toujours honoré et toujours bien servi. »

En ce jour, Louis fut donc couronné. Puis la Cour se sépara, le tribunal de l'empereur cessa de rendre la justice. Chacun retourna chez soi, et Charlemagne ne vécut plus que cinq années.

★

Cependant, Guillaume remplit un vœu qu'il a fait de longue date : il part en pèlerinage pour Rome.

A peine arrivé, il est encore en prière dans la basilique, quand le Pape lui-même le fait appeler. Les Sarrasins s'emparent de l'Italie, leur roi Galafre est aux portes de Rome. Déjà le roi de Pouille, Gaiffier, est tombé prisonnier entre ses mains, ainsi que sa femme, sa fille, trente mille chrétiens...

C'est l'Église et la foi chrétienne qu'il s'agit de sauver. Le Pape est allé offrir au païen tous ses trésors. Il refuse, car c'est la religion elle-même qu'il veut abattre à tout jamais. Pour régler le sort de la Ville Éternelle, il propose un combat en champ clos. Son champion est Corsolt, un géant, un monstre blasphémateur, au visage hideux, un forcené qui laisse à Dieu le Ciel mais veut lui ravir la terre!

Seul Guillaume ose se mesurer avec lui. Il est chétif et peu armé, mais il combat pour le Dieu vivant. Contre toute espérance, il terrasse son adversaire, il lui tranche la tête. Qu'importe si, au cours de la lutte, Corsolt lui trancha le nez d'un coup d'épée? On l'appelera Guillaume au Court Nez. Mais qu'importe, si les guerriers païens sont en pleine déroute! Guillaume se jette à leur poursuite, il les massacre. Il délivre les chrétiens prisonniers, et Gaiffier, le roi puissant, lui accorde la main de sa fille, qui est belle entre les plus belles, avec la moitié de son royaume.

Le jeune chevalier a sauvé la chrétienté. Ce ne sont que concerts de louanges. Rome vit dans l'allégresse, car on va célébrer les noces de son libérateur. Dans l'église fleurie de toutes parts, la jeune fiancée, rayonnante de beauté et de jeunesse, va recevoir l'anneau nuptial; Guillaume ravi attend le sacrement au pied du grand autel...

Deux messagers accourent, hors d'haleine.

– L'empereur Charlemagne est mort, ses puissants vassaux se rebellent. Sire Guillaume, si vous n'allez à son secours, le roi Louis est perdu!

Aux côtés de Guillaume, sa fiancée est resplendissante de grâce et de beauté. Un royaume lui est promis s'il reste... Mais son seigneur a besoin de lui. Il abandonne sans hésiter la fête merveilleuse et tout le fruit de sa victoire. Il prend congé de sa belle.

Or les rebelles, en France, étaient maîtres du royaume. Le petit roi Louis était enfermé dans l'abbaye de Saint-Martin de Tours; on allait couronner à sa place le fils de Richard de Normandie, Acelin. Les moines de l'abbaye veillaient jalousement sur leur royal prisonnier : car ils étaient complices de Richard. Mais, par bonheur, il y a dans la ville des barons loyaux. L'un d'eux garde les entrées de Tours. Quand il reconnaît Guillaume, il lui ouvre bien grandes les portes de la ville.

Une fois dans la place, vous pensez bien que Guillaume ne tarde pas à délivrer son roi. Il chasse les moines félons, puis il s'attaque à Acelin, et s'en rend maître aussitôt. A ce traître, à cet infâme, il ne fait pas l'honneur de tirer son épée : d'un coup de pieu, arme vile entre toutes, il lui fait sauter la cervelle.

Alors l'enfant Louis entre en possession de son royaume. Mais des révoltes éclatent partout, et Guillaume doit, seul, rétablir l'autorité de son roi. On lui tend des pièges, il les évite.

Vient enfin le jour où il peut contempler son œuvre achevée. La France entière respecte et obéit à son souverain. Il donne en mariage à cet empereur qui lui doit tout, sa sœur Blanchefleur.

Et maintenant, comment va-t-il gouverner son empire immense, le roi qui jusqu'ici a tout juste été capable d'obéir docilement aux conseils du vassal Guillaume? Hélas! il va se montrer aussi ingrat qu'il a été faible et lâche.

II

LE CHARROI DE NIMES

'EST au mois de mai, au renouveau de l'été. Les prés se parent de verdure, les oiseaux chantent, et l'on voit éclore les feuilles tendres et les fleurs.

Le comte Guillaume revient d'une longue chasse à travers la forêt. Autour de lui, de jeunes et très nobles chevaliers s'avancent, leur faucon au poing et suivis de leur meute.

Ils rentrent dans Paris, ils déposent dans leurs demeures le produit de leur chasse. Mais voici venir Bertrand, le neveu de Guillaume.

— L'empereur est occupé à une bien triste besogne, mon oncle. Indifférent aux services rendus, il distribue fiefs et châteaux, villes et provinces aux courtisans qui l'entourent. Il n'oublie que deux barons, seigneur : vous et moi. Vous, le loyal baron, qui avez tant peiné pour lui!

A ces mots, Guillaume éclate d'un rire énorme qui fait frissonner tous les arbres d'alentour.

— Allez, beau neveu, laissez tout cela. J'irai sur l'heure parler à Louis.

Il va, et gravit les marches du palais. Au seul bruit de ses pas, les barons sont saisis de frayeur et Louis, stupéfait, vient à sa rencontre.

— Sire Louis, s'écrie Guillaume, j'ai à te parler.

— Je vous écouterai donc, dit Louis.

— Je t'ai loyalement servi, les armes à la main, comme un véritable baron, n'est-il pas vrai? J'ai livré maintes batailles : que dis-je? J'ai tué bien de jeunes et nobles chrétiens : que Dieu me pardonne et qu'il ait pitié de leurs âmes, ce sont de grands péchés!

— Sire Guillaume, patientez un peu. Après l'été viendra l'hiver, un de mes pairs mourra bien d'ici là! Je vous donnerai toutes ses terres, et sa veuve même si vous voulez l'épouser.

— Par le Christ, reprend Guillaume, faudra-t-il donc que j'attende si longtemps, quand je n'ai pas seulement gagné à votre service le grain qu'il faudrait pour nourrir mon cheval? Holà, mes nobles compagnons, équipez-vous et chargez nos chevaux, car nous allons quitter cette cour.

– Nous vous obéirons, disent ses gens.

Guillaume est ivre d'orgueil, et ses regards jettent des flammes.

– Sire Louis, fils de Charlemagne qui fut le plus brave et le plus juste des rois, as-tu oublié la rude bataille que je livrai pour toi au géant Corsolt? As-tu oublié comment tu fus couronné? Il ne te souvient plus guère de ces services, quand tu partages tes terres.

» Roi, as-tu oublié Gui d'Allemagne, qui te disputait ta couronne et que j'ai tué?

» Roi, as-tu oublié la grande armée d'Othon, qui te surprit sous les murs de Rome et devant qui tu fuyais comme un chien effrayé? Je t'ai défendu, j'ai fait de toi le maître de Rome. Maintenant, tu es riche. Moi je suis méprisé, je n'ai pas gagné en tant d'années un fétu de paille!

– Sire Guillaume, répond le roi Louis, je vois bien que vous êtes dans une grande colère. Eh bien, je vais vous faire un beau présent : je vous donne la terre du vaillant comte Foulque.

– Je ne la prendrai point, dit Guillaume, car

Foulque a laissé deux enfants qui sont en état de défendre son fief. Je ne me soucie point de dépouiller des orphelins; donne-moi quelque autre terre.

– Sire Guillaume, prenez donc celle du marquis Béranger qui vient de mourir et épousez sa femme.

A ces mots, Guillaume croit devenir fou de rage.

– Nobles chevaliers, s'écrie-t-il, écoutez tous et sachez comment Louis récompense ses meilleurs serviteurs. Béranger a lutté pour lui sans relâche. Il l'a délivré des païens qui voulaient le massacrer, et l'a fait monter sur son propre destrier. Tandis que l'empereur s'enfuyait comme un chien peureux, le marquis Béranger, demeuré seul au milieu des Sarrasins, a été tué et coupé en morceaux. Il laisse un petit enfant : l'empereur veut le trahir et me donner son fief! Par saint Pierre, seigneurs, je refuse ces terres, et s'il y a en France un chevalier assez hardi pour ravir la terre du fils de Béranger, voici mon épée qui lui tranchera la tête!

– Sire Guillaume, écoutez-moi. Si ce fief ne vous agrée pas, je vous donnerai une autre terre, je vous donnerai le quart de la France : le quart des abbayes, des marchés, des archevêchés et des villes, le quart des chevaliers, des bourgeois et des vilains, je vous donnerai le quart des demoiselles, des dames, des prêtres, des moines, oui, je vous donnerai le quart de mon empire. Je vous en conjure, noble chevalier, acceptez-le.

– Non point, sire, pour tout l'or du monde je n'accepterai point ce présent. Si je le prenais, on entendrait les chevaliers se dire : « Voyez Guillaume qui a su tromper son seigneur en se faisant donner la moitié du royaume et en lui arrachant les morceaux de la bouche. »

– Sire Guillaume, je ne sais plus alors quel don imaginer pour vous satisfaire.

– Roi, répond Guillaume, laissons tout cela. Quand vous le jugerez bon, vous saurez me donner assez de provinces, de châteaux et de forteresses.

Et, sur ces mots, Guillaume sort en frémissant de colère.

– Vous avez eu tort de parler ainsi au roi ! lui dit Bertrand qui l'attendait.

– Par le Christ, il me doit son trône, et je l'en arracherai ! s'écrie Guillaume.

– Ce n'est pas là un langage de vassal fidèle, mon oncle, vous vous repentirez de ces paroles.

La rage du comte est tombée, car son neveu dit vrai.

– Beau neveu, retournons au palais, dit-il après quelques instants de réflexion. Il faut toujours être loyal.

Il retourne, rasséréné, devant Louis.

– Donnez-moi, dit-il, l'Espagne, avec Toulouse, Nîmes et Orange : ce fief est digne de moi. J'ai fait vœu, jadis, de délivrer cette terre misérable : j'accomplirai donc mon vœu.

– Mais ces pays que vous dites ne m'appartiennent pas, je ne puis donc vous les donner.

– Qu'importe ! Je les conquerrai pour vous, et je vous en rendrai hommage.

Sur l'heure, il réunit une armée.

– A moi les chevaliers les plus pauvres, les plus braves, ceux qui veulent conquérir la gloire, les riches donjons, les plus beaux destriers !

Trente mille bacheliers de France se joignent à lui. Et maintenant, en route pour l'Espagne et pour Nîmes.

On traverse la France entière, le Berry verdoyant, l'Auvergne et ses hautes montagnes. Nîmes enfin

« Seul Guillaume ose se mesurer avec lui » Page 120.

paraît à l'horizon : le combat sera rude, car la ville est bien fortifiée...

Dans un village voisin, des enfants jouent avec un gros tonneau.

– Par ma foi, dit soudain Garnier, avec mille tonneaux comme celui-ci, tous remplis de chevaliers, il ne serait pas difficile de pénétrer dans la ville et de s'en emparer !

– Tu dis vrai, dit Guillaume tout joyeux. Trouvons tonneaux, bêtes de somme, et chars nécessaires : Nîmes sera à nous plus vite qu'on ne le pense !

Aussitôt Guillaume de s'emparer des fûts et des tonneaux tout à l'entour, achetant bœufs, chars, charrettes et carrioles.

Quelques jours plus tard, on pouvait voir Bertrand, devenu charretier, qui conduisait les attelages, tandis que Guillaume s'était improvisé marchand et montait une vieille jument poussive et d'allure bien pacifique.

Ils arrivent dans ce brillant équipage aux portes de Nîmes, et les Sarrasins les observaient curieusement du haut de leurs remparts.

– Ohé ! braves marchands, s'écrient-ils, que nous apportez-vous de beau ?

Guillaume, contrefaisant sa voix, imite le boniment des marchands et vante ses produits.

– Nous avons de beaux draps pourpres et de l'écarlate, nous avons des armes de toutes sortes, des épées et des boucliers, des casques, des cuirasses. Nous avons des épices aussi...

– Braves marchands, entrez, entrez vite!

Les portes de la ville s'ouvrent, et voici Guillaume dans la place avec tous ses gens.

Il va, selon l'usage, se mettre sous la protection du roi.

– Qui êtes-vous? lui demande-t-on.

Mais Guillaume, sans se troubler :

– Je suis un père de famille anglais. J'ai dix-huit enfants dans mon pays.

– Et quel est votre nom?

– On m'appelle Tiacre.

– Sans doute voyagez-vous dans des contrées très diverses?

– Eh! oui, j'ai parcouru le monde. Partout on vante mes marchandises. Vous en trouverez sûrement à votre goût : j'ai les plus belles peaux du monde. Et des encens, du vif-argent, du poivre et du safran.

Mais, tandis qu'il parle, le roi païen ne s'aviset-il pas de la forme bizarre de son nez, qui lui rappelle celui de Guillaume, le fils d'Aimeri de Narbonne?

Guillaume s'explique de son mieux, mais le roi sarrasin pousse la familiarité jusqu'à tirer la barbe de ce prétendu marchand. Guillaume ne peut supporter cet outrage : d'un coup de poing il étend le roi raide mort à ses pieds. Aussitôt il sonne du cor. Les chevaliers sortent de leur cachette et, se jetant sur les Sarrasins surpris, ils en font un grand massacre.

Ainsi Guillaume a pu accomplir son vœu et délivrer Nîmes des Sarrasins. Sa renommée en fut grande dans la France entière.

III

LA PRISE D'ORANGE

UILLAUME au Fier Bras a tenu parole, il s'est conquis un fief de haute lutte sur les Sarrasins. Mais son triomphe a été trop complet ! Il s'ennuie maintenant dans ses terres où les ennemis n'osent pas l'attaquer, et où il n'a rien à faire que de goûter en paix les fruits de sa victoire.

Voici qu'un beau jour arrive à Nîmes, noir comme un mécréant, un jeune baron français : c'est Gilbert, qui vient de s'enfuir d'Orange où les Sarrasins l'ont gardé trois ans prisonnier.

Guillaume le pressa de questions.

– Orange? s'écrie Gilbert. Mais c'est pitié qu'une telle ville soit aux mains des infidèles. Autour de ses palais de marbre, les oiseaux innombrables chantent parmi les fleurs aux parfums rares et savoureux. Les plus riches peintures ornent les murailles. Sire Guillaume, tout cela est bien beau : mais tout cela n'est rien. Quiconque a vu Orable, la femme du roi Thibaut d'Afrique, Orable, la princesse merveilleuse, ne voit plus les palais de marbre ni les fleurs précieuses. Orable, messire, si ce n'était une infidèle, mais elle serait digne d'être reine de France!

Orange appartient au roi Arragon. Guillaume songe qu'une occasion s'offre peut-être de courir de nouvelles aventures...

Il écoute donc les récits de Gilbert. Et puis il se complaît à entendre chanter les louanges de la belle Orable, à tel point qu'il ne peut y tenir et qu'il se résout à pénétrer dans Orange. Il veut voir de près cette merveille!

Rien de plus facile d'ailleurs. Gilbert l'accompagnera, ainsi que son neveu Guielin. Tous trois, pour se rendre méconnaissables, se font badigeonner le visage, et le corps tout entier, avec de l'encre : les voici semblables à des nègres d'Afrique.

Qui s'aviserait de les prendre pour des chrétiens? Ils n'éprouvent aucune crainte. Les gardiens, aux portes de la ville sarrasine, ont beau les regarder avec méfiance, ils entrent hardiment.

– Nous sommes, disent-ils, des serviteurs du roi Thibaut, qui nous a chargés d'un message pour sa femme, la belle Orable.

Muets d'admiration, les trois chrétiens contemplent les splendeurs de la ville : les jardins, semblables au Paradis, la Gloriette, une citadelle de marbre, et tant d'autres merveilles! Et soudain, auréolée de mille fleurs, Orable paraît aux yeux charmés de Guillaume qui, sur l'heure, se montre éperdument amoureux. O joie! malgré son déguisement, Orable s'éprend de lui, elle aussi.

Le roi Arragon ne s'aperçoit de rien, et Guillaume est au comble du bonheur.

Mais voici qu'un païen qui a habité Nîmes reconnaît Guillaume au Court-Nez, et Guielin son neveu, et même Gilbert, naguère encore prisonnier dans la ville. Il court les dénoncer à Arragon.

Les trois malheureux barons sont en bien piètre

posture : comment lutter, eux seuls, contre plusieurs milliers de païens? Et tous ces ennemis grimacent de joie à l'idée que Guillaume, le héros de la chrétienté, le pire de leurs adversaires, est entre leurs mains et ne peut leur échapper.

— Vous allez mourir! leur crie Arragon.

Guillaume se tourne d'abord vers Dieu, à qui il adresse une courte prière. Puis il saisit un bâton, et se jetant sur le traître qui l'a dénoncé, il l'étend raide mort à ses pieds. Ses compagnons l'imitent, et tous trois font un massacre épouvantable de païens.

Effrayés, les Sarrasins reculent un instant, et les voici déjà délogés de la tour de Gloriette, où Guillaume et ses compagnons s'enferment en toute hâte. Ils lèvent le pont-levis, et se croient tout à fait à l'abri. Aussi, que de plaisanteries à l'adresse de leurs ennemis!

Mais les meilleures plaisanteries sont de mauvaises armes contre les flèches qui pleuvent sur eux. La vaillante Orable leur apporte celles de son époux Thibaut. Maintenant, ils se battent avec rage, avec furie contre leurs ennemis qui par deux fois pénètrent dans la tour, par deux fois en sont chassés. Ils sont pris par le roi Arragon. Orable vient les délivrer, et les abrite encore dans la tour de Gloriette.

Auprès de son amie, Guillaume coule des jours pleins d'angoisse. Il a promis de l'épouser, et elle, par un souterrain qui du château débouche au bord du Rhône, a fait fuir Gilbert qui va chercher des secours à Nîmes.

Thibaut d'Afrique est prévenu, lui aussi. A la tête d'une armée, il vient s'emparer du héros chrétien, prisonnier dans Orange.

Guillaume vit dans l'anxiété : Thibaut ou Gilbert, lequel arrivera d'abord? Un bruit d'hommes armés se fait entendre, et s'enfle, et se rapproche. Est-ce Thibaut qui entre dans sa ville et fait dresser le bûcher? O joie! Bertrand, le neveu de Guillaume, a pénétré dans le souterrain et paraît dans la tour, à la tête de treize mille hommes.

Au cri de « Montjoie! » tous se jettent sur les païens stupéfaits. A travers les rues de la ville, ils les pourchassent, ils les massacrent. Le roi Arragon lui-même tombe mort parmi ses sujets. Quand ils s'arrêtent enfin, plus un païen ne respire dans la ville d'Orange.

La reine Orable, seule épargnée, la reine au

grand cœur qui a par deux fois arraché Guillaume à la mort, demande le baptême. On lui donne le nom de Guibourc.

Puis Guillaume l'épouse. Huit jours durant, les réjouissances les plus merveilleuses célébrèrent cette union. Jamais festins ne furent plus magnifiques, jamais jongleurs n'ont reçu plus somptueux présents.

A dater de ce jour, Guillaume a vécu dans son nouveau fief. Et voilà comment Guillaume au Court-Nez devint Guillaume d'Orange. Dame Guibourc fut désormais sa compagne fidèle et partagea ses peines amères comme ses plus grandes joies.

IV

LES ENFANCES DE VIVIEN

OILA bien longtemps que nous parlons de Guillaume, et toujours de Guillaume. Il est grand temps de vous faire connaître d'autres héros dont la vaillance ne le cède en rien à la sienne.

Vous souvenez-vous de Garin d'Anséune, le frère de Guillaume? A Roncevaux, quand périt Roland, il était tombé aux mains des infidèles. Jusqu'alors nul n'était plus heureux que lui : ses jours s'écoulaient paisibles auprès de sa jeune femme Heutace, la fille du duc Naîmes. Un fils leur était né, qu'ils appelaient Vivien.

Et puis, on l'avait emmené en captivité. Un

mécréant, Cadort, le tenait étroitement enfermé dans la ville de Luiserne, où il ne cessait de se lamenter.

– Prenez toutes mes richesses, disait-il, tous mes biens, je vous les abandonne.

– Je n'ai que faire de tes biens, disait Cadort. C'est un trésor plus précieux qu'il me faut. Livre-moi ton fils Vivien. Son aïeul a tué mon père et tous les miens. Je vengerai sur lui toute ma race décimée. Donne-moi ton fils et tu es libre.

– Mes terres sont riches et bien ensemencées : vous en tirerez grand profit.

– Que m'importe? Il faut que je me venge.

On le lapidait, on le mettait à la torture. Il refusait toujours de livrer son enfant.

Des années ont passé. Vivien a maintenant sept ans. Il a le regard fier et le cœur déjà plein de haine pour les païens qui, croit-il, ont tué son père à Roncevaux et depuis lors font couler les larmes de sa mère, la tendre Heutace.

Un beau jour, arrive un messager d'Espagne.

– Dame, dit-il à Heutace, votre mari n'est pas mort, mais prisonnier des Sarrasins!

Heutace ne peut croire à ce bonheur. Elle offre aussitôt une rançon princière.

Le messager secoue la tête : c'est Vivien qu'il doit ramener, pour délivrer son père!

– O trahison! s'écrie Heutace. Garin est mort, et maintenant vous voulez m'arracher l'enfant qu'il m'a donné, le seul bien qui me reste!

Mais bientôt elle doit se rendre à l'évidence. Garin lui-même a envoyé ce message. Malgré les pleurs de sa mère, le petit n'hésite pas. Bravement il accepte la mort. Son oncle Guillaume l'approuve.

Heutace obéit donc. Elle conduit son enfant à Luiserne. Et puis, elle lui fait ses adieux.

– Beau doux fils, mon Vivien au fier visage, j'aurai bien peu joui de tes grâces enfantines! Mon fils Vivien, tu ne me quittes pas pour prendre les armes : c'est à la mort que je te conduis!

» Beau fils, qui fus toujours si courtois et si doux, je prendrai une boucle de tes cheveux, et ils resteront jusqu'à ma mort tout contre mon cœur.

» Voici bientôt venir Pâques, la fête printanière. Tous les jeunes garçons vêtus de neuf iront, faucon au poing, chasser aux alentours. Et toi, Vivien, je n'entendrai plus ton rire si joyeux, je ne te verrai plus sauter ni courir autour de moi. »

Ainsi parle Heutace. Et elle appelle la mort, car pour elle la vie n'est plus que douleur.

Cependant Garin a appris l'arrivée de son fils, et lui aussi se désole, car c'est pour lui que son enfant va périr.

– Lâche, lâche que je suis! crie-t-il du fond de sa prison, j'aurais dû mourir ici, oublié des miens. Il me semble que j'égorge mon fils de mes propres mains!

★

Pauvre petit Vivien! Il a très peur de ces grands hommes noirs qui gesticulent et crient si fort... Pourtant il marche bravement jusqu'à eux. On allume le bûcher, car il doit être brûlé vif. Les flammes montent, montent, autour de lui. Il se croit mort déjà.

Mais quelle est cette rumeur nouvelle? Ces Sarrasins qui ne pensaient qu'à leur vengeance voilà qu'ils s'enfuient de toutes parts. L'enfant est seul parmi les flammes. Puis d'autres hommes d'armes l'entourent maintenant. Mais ceux-là ne sont pas des ennemis : dès qu'ils ont vu l'enfant, ils le délivrent. Ce sont des pirates qui ont chassé les Sarrasins de Luiserne et qui vendent aussitôt tout leur butin.

Voilà Vivien exposé au marché. Il a fort bonne mine et n'est pas long à trouver acquéreur. C'est une brave femme de marchande qui n'a pas d'enfant. Son mari, absent depuis plus de sept ans, va revenir. Il sera heureux de trouver à son retour un si beau fils.

Donc la marchande fait passer Vivien pour son propre enfant. Le petit, tout joyeux d'être sauvé, consent à tout. Il rit, il chante, que c'est un plaisir de l'entendre!

— Comme te voilà gai! lui dit la marchande. Tu es déjà grand et fort, je suis sûre que tu apprendras à merveille mon métier : tu verras comme c'est amusant de courir les marchés, et d'y vendre des épices, ou encore des draps comme mon mari Godefroi!

— Je serai votre fils, madame, puisque vous le désirez. Mais je vous prie, donnez-moi des armes, afin que je me batte. Voilà le métier que j'aime, et non pas celui de marchand!

Il dit qu'il est Vivien, fils de Garin d'Anséune. Mais la marchande fait fi d'un métier où l'on ne gagne que plaies et bosses au lieu de beaux écus sonnants.

Godefroi revient bientôt, et son cœur est

joyeux, car il désirait un fils depuis longtemps.

Il voudrait bien lui apprendre son métier : mais Vivien n'en a cure. Lui parle-t-on de poids et mesures, du change des monnaies? Il réclame des éperviers, un bon cheval pour chasser, ou tailler en pièces les Sarrasins. Et Godefroi de rire à ces audaces de l'enfant.

Vivien est beau, avec son teint clair et ses cheveux frisés. On l'habille de bon drap bien chaud, de soie rehaussée d'or, de souliers en cuir de Cordoue : il a fort belle mine, ainsi paré. Godefroi et sa femme peuvent être fiers de lui!

– Beau fils Vivien, je t'apprendrai à connaître l'avoine et le blé, à débiter le drap. Tu visiteras les foires et les marchés.

– J'aime mieux me battre, répond Vivien.

Car il sent en lui-même bouillonner le sang de Garin, d'Aimeri, de Guillaume.

Il est à craindre que le bon Godefroi n'ait de gros déboires avec un tel fils, qui lui ressemble si peu...

★

Godefroi un jour appelle Vivien.

– Beau fils, dit-il, voici cent livres. Tu peux les

dépenser à ta guise. Tâche de gagner avec cela beaucoup d'argent! Ce n'est pas difficile : songe que je n'ai eu, moi, en commençant, que six deniers!

Vivien, tout joyeux, cherche quel emploi il fera de la somme. Un cheval! Ce serait beau d'avoir une monture, comme un vrai chevalier!

Justement, voici venir un écuyer pauvre et mal vêtu. Peut-être consentirait-il à se défaire de son cheval? L'animal, à vrai dire, est bien vieux, bien laid, efflanqué et misérable. Mais Vivien n'y regarde pas de si près. L'écuyer ravi prend les cent livres, et mon Vivien s'en retourne tout fier, juché sur la vieille haridelle.

Godefroi, lui, n'est pas fier de son enfant. S'être laissé tromper de la sorte! Une bête bonne à abattre, qui vaut tout au plus trente livres!

– C'est encore un tout jeune enfant, dit sa femme. Il faut lui laisser le temps d'apprendre le métier.

Mais Vivien n'apprend rien du tout. Un nouvel essai échoue plus piteusement encore. C'est à une grande foire, Godefroi lui a confié toutes ses marchandises. L'enfant se trompe d'abord dans les mesures, et puis dans les prix. Puis il vend de très belles fourrures pour des sommes si dérisoires qu'il ameute tous les marchands des environs. S'il s'agit de se battre, il est bien dans son élément, et le voilà qui rosse ses adversaires et les met en fuite. Mais il n'en est pas marchand plus avisé, et il cède cent trousseaux complets contre des chiens de chasse et un épervier!

Peu s'en faut qu'il n'ait ruiné le bon Godefroi. – O honte pour un bourgeois cossu et de bon renom! – Il cherche en vain à le réconforter en lui apportant les produits de sa chasse.

Cependant, Vivien grandit, il va se faire connaître sous un jour plus glorieux...

Godefroi l'envoie à la grande foire de Luiserne, avec quatre cents hommes, des marchands comme lui. Luiserne! C'est là, précisément, qu'il a failli mourir, qu'il a été délivré. Vivien est ivre de joie à la pensée de se mesurer avec des Sarrasins. Il est si pénétré de fureur guerrière qu'il arrive à la faire partager à tous ses compagnons. Tous ces marchands ne rêvent que batailles à leur tour. Et d'une seule voix ils proclament roi le petit Vivien qui les mène au combat.

Voici venir trente vaisseaux sarrasins, toute une troupe bien armée.

A la tête de ses compagnons, Vivien les défie, puis il se jette sur eux, il les terrasse, il les contraint à la fuite.

Tout son riche butin, il le partage entre ses amis. Lui-même garde seulement quelques vaisseaux qu'il envoie à ses parents adoptifs. Godefroi se retrouve dès lors dix fois plus riche qu'il n'a jamais été.

Et la petite troupe s'avance vers Luiserne avec une ardeur décuplée. Nulle difficulté à l'entrée de la ville : qui chercherait noise à tous ces marchands pacifiques dont on reconnaît bien l'allure débonnaire et le costume traditionnel? Pourtant ces amples manteaux abritent désormais des âmes avides de gloire et de combats!

Ils attendent le signal. Vivien, mis en présence du roi sarrasin, proclame fièrement son nom et sa naissance.

— Je suis Vivien, dit-il, le fils de Garin d'Anséune, Vivien, que vous avez voulu brûler jadis!

L'enfant, d'un coup d'épée, tranche la tête du roi. Alors tous ses compagnons se démasquent à leur tour. Ils chevauchent à travers la ville, massacrant ou égorgeant les habitants, saccageant leurs demeures. Et ils demeurent maîtres de la cité.

L'enfant Vivien est vainqueur, il a conquis Luiserne, qui est une grande ville, une capitale! Ivre de joie, il ne s'émeut pas à la pensée que tout le pays environnant est aux mains des infidèles, qu'il ne pourra, lui seul, les repousser tous...

Cependant les païens essayent de reprendre la ville. Leurs assauts sont chaque fois repoussés. Vivien et ses compagnons font mille prouesses; leurs vivres pourtant s'épuisent. Ils sont affamés, ils s'affaiblissent de jour en jour et commencent à perdre espoir...

Non pas Vivien pourtant : il est inébranlable, il sait qu'il va être secouru. Mourant, il espère encore...

★

Et Godefroi? Godefroi est enrichi, grâce au merveilleux présent de Vivien. Mais il sait son enfant en danger et il ne peut lui venir en aide.

— Ma femme, dit-il, que ferons-nous pour cet enfant? Il faudrait une puissante armée.

— Nous l'aurons, répond-elle.

La brave femme sait bien que, seuls, les fils

d'Aimeri pourront sauver Vivien. Alors elle avoue tout : comment elle a recueilli l'enfant et qui sont ses parents.

– Il faut aller à la cour de France, dit-elle. Nous dirons qu'il vit, qu'il est en péril. Son père Garin, son oncle Guillaume le sauveront.

Ils vont à Paris, ils trouvent Garin, ils lui apprennent l'existence, la gloire, les dangers que court Vivien.

Et Garin tremble à la fois de joie et d'angoisse, car il a retrouvé son fils, peut-être pour le perdre une seconde fois...

L'empereur, lui, est beaucoup moins ému.

– Que m'importe, dit-il, ce jeune fou qui a cru, lui seul, réduire l'Espagne entière? Nous ne pouvons lever une armée pour chaque enfant téméraire qui se laisse entraîner à pareilles folies!

– Eh! quoi, lui dit Garin, vous hésitez à sauver le neveu de Guillaume, Guillaume qui vous a couronné, sans qui vous seriez un moine obscur?

Ses frères avec lui s'indignent, menacent Louis d'abattre ses palais, de massacrer ses serviteurs... L'empereur cède, car il ne peut rien refuser à ces gens, il a trop besoin de leurs services.

La puissante armée française s'avance à grands pas victorieux vers le petit Vivien qui se meurt de sa conquête. Arrivera-t-on à temps?

O bonheur! Il vit encore. Déjà Guillaume, lui prenant la main, amène l'enfant vainqueur devant son père qui défaille de joie.

Tout glorieux de ses récents exploits, Vivien n'oublie pas ses bienfaiteurs qui l'ont sauvé pour la seconde fois. Il s'incline devant eux, très humblement, leur demande pardon, les comble de dons et de bienfaits.

Et puis Garin l'emmène à Anséune, où l'attend la douce Heutace, sa mère si tendre, qui ne peut croire à son bonheur.

V

LE VŒU DE VIVIEN

'EST jour de fête à Orange, toute la ville est en joie : car Guillaume a choisi ce beau dimanche de Pâques fleuries pour adouber Vivien, son beau neveu qu'il a si longtemps pleuré.

En ce temps-là, sans trêve ni repos, les païens attaquaient les Français, et Guillaume ne quittait guère son heaume ni son bouclier.

Mais aujourd'hui, point de combats. Pour l'amour de Vivien, cent jeunes hommes parmi les plus beaux et les plus riches sont armés chevaliers avec lui. Chacun se réjouit en son cœur, tant la fierté et l'audace brillent dans les regards ardents des nouveaux chevaliers.

Vivien se lève. Il dit :

– Mon oncle, vous m'avez donné cette épée. Pour en rester digne, je vais faire un vœu. Je jure à Notre Seigneur Dieu, devant vous tous qui m'entendez, de ne jamais reculer d'un pas devant les païens.

– Folie! s'écrie Guillaume. Vous n'avez guère combattu et ne savez ce que vous dites. Beau neveu, ne faites pas un tel vœu, car vous fuirez, quand vous serez pressé par de trop nombreux ennemis. Vous fuirez, quand votre vie sera en jeu. Et vous ferez bien.

– Devant Dieu, et devant tous les barons qui sont assemblés ici, j'ai fait vœu de ne jamais fuir. Et je ne reculerai jamais, pour qui que ce soit au monde!

– Guillaume au Fier-Bras n'est pas un lâche, et pourtant il a fui devant de trop graves dangers.

» Hélas! beau neveu, je le vois, il faudra que nous vous pleurions. Car vous ne vivrez pas longtemps après un tel vœu. »

Une grande tristesse plane maintenant sur l'assemblée. Car chacun sait que Guillaume a dit vrai.

Seul Vivien, ignorant la crainte et les regrets, ne songe qu'à la gloire des combats futurs.

★

Vivien est en Espagne. Avec dix mille chevaliers, intrépides et jeunes comme lui, il veut la délivrer des infidèles. Alors l'Europe sera sauvée, et le culte du vrai Dieu partout célébré.

– Point de quartier! dit-il. Et l'on extermine hommes, femmes et enfants. Invincible, il est partout à la fois, et partout les mécréants tombent par milliers sous ses coups.

Il s'exalte, sa haine ne connaît plus de bornes. Même envers des mécréants, n'est-ce pas horrible de commander de pareilles choses? Mais aussi, quel ne sera pas son châtiment et celui des Français! Écoutez le récit de la rage très cruelle de Vivien.

Il a fait cinq cents prisonniers qui ne veulent pas devenir chrétiens : il leur coupe les pieds, et puis les mains. Il leur tranche le nez. Il leur crève les yeux. Et puis ces corps sanglants et douloureux, suprême cruauté! il les envoie à leur souverain, l'émir Desramé.

Dans sa résidence lointaine, par delà les mers, l'émir, heureux d'être en paix avec Guillaume, jouit de son repos. Il ne s'attend guère à pareille infamie! Devant le macabre et insolent message de Vivien, sa colère ne connaît plus de bornes.

Il appelle à lui tous ses barons. Les rois païens en foule accourent à sa voix. Le crime de Vivien a rassemblé contre lui la plus formidable armée qui se soit jamais réunie pour écraser et terrasser enfin la religion du Christ.

Vivien ignore la pitié et le remords. Il ne soupçonne pas les vastes préparatifs des Sarrasins. Aux Aliscans, il contemple la mer violette : qu'est-ce donc, à l'horizon lointain, cette ligne de pourpre et d'or qui va toujours grandissant?

C'est la flotte de l'émir Desramé. Trente rois l'accompagnent. Tous les païens d'Espagne, tous les Barbares de l'Orient viennent, avec leurs meilleurs guerriers. Voici des hordes sauvages dont les hurlements effraieraient les plus braves. Voilà les riches Syriens aux armes invincibles, voici ceux de Saragosse. Et tous ont au cœur la même rage.

★

Vivien connaît le danger. Il est seul, avec une poignée de jeunes bacheliers de France. Il se souvient de son vœu et on ne le voit point trembler.

— Amis, dit-il, voici venir de toutes parts vers nous les infidèles. C'est une flotte immense, nous ne pouvons leur échapper. Eh bien! sachons montrer notre vaillance, et Dieu recueillera nos âmes dans son paradis!

Ses compagnons pâlissent. Ils croient voir déjà l'approche de la mort.

— Le Seigneur nous protège, murmurent-ils entre eux.

Gérard le preux, le cousin de Vivien, essaye en vain de le fléchir.

— A quoi bon tenter l'impossible? dit-il. A cent contre un, nous périrons tous sans que Dieu même en tire quelque gloire. Demandez à Guillaume de nous venir en aide. Peut-être serons-nous sauvés...

— Quoi! s'écrie Vivien, appeler au secours avant même d'avoir combattu, avant d'avoir reçu la moindre blessure? J'ai fait vœu de ne reculer d'un pas, et mes parents ne rougiront point de moi.

» Quant à vous, si des mécréants vous font peur, partez, je ne vous retiens pas.»

Ce fier langage ranime tous les courages. Personne

n'abandonnera Vivien : et il leur montre au ciel, toutes grandes ouvertes, les portes du Paradis, où leur Dieu, le seul vrai Dieu, voudra les accueillir pour l'avoir vaillamment défendu.

Les païens croyaient venir aisément à bout de quelques milliers de chevaliers, conduits par un enfant. Déjà, ils se voyaient maîtres d'Orange, rendant au roi Thibaut sa femme Orable.

O stupeur! Dès le premier choc, ils doivent reculer, laissant bien des morts sur le terrain.

Et pourtant, l'enfant Vivien se prend à pleurer. Car il sait qu'il ne reverra plus sa terre, dame Guibourc, qui le nourrit si tendrement, ni peut-être son oncle Guillaume.

Vivien est blessé, il perd tout son sang.

– Appelez Guillaume, il en est temps encore, répète Gérard.

Mais les païens s'enfuient, il se jette à nouveau dans la mêlée.

– Voyez, dit-il à ses compagnons, au delà de l'armée païenne, ce château construit par des géants. Si nous y parvenons à travers les rangs ennemis, nous y panserons nos plaies, et de là j'enverrai un message à Guillaume.

La lutte est plus sanglante que jamais. Hélas!

que de Français tombent encore, blessés à mort! Ils sont vainqueurs, pourtant, le château est à eux. Quinze mille infidèles sont tombés. Vivien lui seul en a tué près de mille.

Maintenant, ainsi que ses compagnons, il est pantelant, à demi mort. Il perd du sang en abondance de ses quatre blessures béantes. Demain, Desramé en personne va commander l'assaut. Alors il cède. Tel Roland à Roncevaux, il envoie vers son oncle un messager : Gérard de Commercis, qui est habile et fin, et fertile en ruses.

A peine sorti du château, Gérard se voit entouré de dix mille Sarrasins.

– Qui es-tu? lui dit-on.

– Ne me reconnaissez-vous pas? Je suis Quinart de Nubie, je porte un message à Desramé notre roi.

– Tu en as menti! s'écrient les Sarrasins. Quinart a été tué hier. Si tu portes quelque message, ce doit être pour Guillaume et les siens!

Se voyant démasqué, Gérard éperonne son cheval. Ses ennemis le poursuivent, mais, sous une grêle de flèches, il parvient pourtant à s'échapper.

Son petit cheval arabe, plus vif que le vent,

le sauve encore en maintes rencontres. Harassé, sanglant et couvert de poussière, le voici enfin sous les murs d'Orange.

La ville est paisible et joyeuse. On danse dans les rues. On écoute les jongleurs et des joueurs de vielle. Guillaume, tout au plaisir, goûte avec bonheur ce moment de repos.

A demi aveuglé par son sang, méconnaissable, Gérard parvient jusqu'à lui.

– Au secours, crie-t-il, volez au secours de Vivien qui se meurt.

Guillaume ne peut croire à de si funestes nouvelles. Il est atterré. Il ne sait que faire.

La première, Guibourc reprend ses esprits.

– Il faut vous armer sans délai, dit-elle. Appelez à vous tous vos vassaux. Voici tout mon or pour sauver Vivien.

Bientôt dix mille chevaliers partent pour Aliscans sous les ordres de Guillaume.

Mais Vivien saurait-il les attendre au repos?

– Il faut qu'ils nous trouvent combattant! s'écrie-t-il.

Il se lance de nouveau dans la mêlée. Il abat les païens par centaines, mais ses plaies ne se comptent plus. Son sang ruisselle dans ses yeux et l'aveugle.

Au loin, on entend comme le bruit d'une armée en marche. Serait-ce enfin Guillaume? Ou peut-être encore des païens qui viennent les accabler... Vivien et les quelques survivants qui l'entourent s'embrassent une dernière fois. Car maintenant il faudra mourir.

Vivien sonne du cor, et Guillaume l'a entendu et se hâte. Mais une veine de son cou a crevé et il ne lui reste qu'un souffle de vie. N'importe! Il combat, il tue toujours.

Une fanfare de clairons retentit soudain. Cette fois, nul ne s'y trompe, c'est Guillaume lui-même qui entre en lice. Et les païens d'instinct ont reculé. La bataille se poursuit.

– Mon Dieu! se dit Vivien. Déjà s'entrouvrent pour moi les portes du Paradis. Mais pour l'amour de vous, faites-moi, une fois encore, revoir mon oncle Guillaume!

« Montjoie! Montjoie! »

La lutte est forcenée. Les âmes des païens, qui meurent par milliers, sont entraînées par les démons du mal, tandis que les anges accueillent au ciel les bienheureux martyrs chrétiens. Vivien, dont les blessures ne se comptent plus, dont les habits déchirés traînent derrière lui, frappe comme un possédé. Il n'y voit plus, ô douleur! Il va frapper Guillaume qui ne reconnaît pas son neveu dans cette chair informe, pantelante...

Mais la voix de son oncle arrête à temps son bras : il se nomme. Guillaume ne peut supporter cette vue : est-ce donc l'enfant bien-aimé, le plus beau et le plus fier de sa race, ce malheureux dépouillé, aveugle, qui baigne dans son sang?

Guillaume pleure et se lamente.

– Laissons les pleurs aux femmes! dit Vivien. Vous et moi nous devons combattre encore. Ce soir, quand le soleil achèvera sa course, j'aurai aussi cessé de vivre. Mais auparavant, j'aurai fait tel massacre de païens que j'en recevrai au ciel merveilleuse récompense.

Et puis il contraint Guillaume à l'attacher sur son cheval, car il ne saurait s'y tenir seul. Il lui dit adieu, et Guillaume le mène au milieu des païens. Tous deux, l'épée haute, entrent dans la mêlée.

Le sang coule. On voit tomber, innombrables, les plus valeureux guerriers. Qui vit jamais pareille douleur?

VI

ALISCANS

EN ce jour, la bataille fut rude aux Aliscans. Jamais la chrétienté ne connut semblable massacre. Là mourut Vivien, et Guillaume perdit tous ses neveux, les uns morts et les autres prisonniers du roi Desramé. De tous ces gens, aucun n'a réchappé. Seul le comte Guillaume a revu sa ville d'Orange.

Le combat est sans merci. Des milliers de païens déferlent de toutes parts dans la vaste plaine, hurlant et mugissant. On voit de tous côtés tomber les têtes, les membres ensanglantés. Les lances volent, les armes s'entrechoquent. Les Français tuent, tuent sans cesse et meurent au cri de

« Montjoie ! ».. Certes, en enfer même on ne vit jamais si effroyable mêlée !

Guillaume, sur son cheval Baucent, est partout à la fois. Il frappe, et les ennemis tombent autour de lui comme des mouches. Mais, le cœur navré, il cherche des yeux Vivien, qui va mourir.

Bien loin de lui, tout couvert de son propre sang, déchiré de plus de quinze plaies, Vivien combat toujours. Maintenant, ce sont de vrais monstres qui s'attaquent à lui : des êtres hideux, cornus par devant et par derrière, et armés de massues telles qu'elles assommeraient des bœufs. Bertrand est avec lui ainsi que ses cousins. Ils sont sept chevaliers qui ne se quittent pas et que toute l'horreur de la lutte ne sépare pas un instant. Ils frappent d'une seule main de tels coups que les monstres reculent épouvantés. Mais d'autres plus immondes les remplacent. A leur tête est Haucebier qui porte à Vivien le dernier coup; sa lance lui perce le cœur. Voici venir enfin Aérofle avec vingt mille païens. Vivien tombe, on le laisse pour mort sur le sable, tandis que les sept cousins sont emmenés, toujours inséparables, captifs du roi païen.

L'enfant vit toujours. Il voit là-bas un arbre

frais au bord d'une fontaine. Il trouve la force de l'atteindre. Au loin, c'est le fracas de la bataille. Mais pour lui, tout est fini.

Il songe à Dieu, qui a perdu ses plus fiers défenseurs...

Ses yeux se ferment, des anges lui apparaissent.

– Dieu aide mon oncle Guillaume! songe-t-il.

Et il retombe inanimé.

Hélas! quel secours du ciel pourra sauver Guillaume? Il avait vingt mille compagnons ce matin, ce soir ils sont quatorze.

– Mes amis, leur dit-il, nous ne pouvons plus vaincre. Sachons au moins mourir en chevaliers. Les jongleurs dans leurs chants ne se gausseront pas de nous.

A ces mots, les Français vont sus à l'ennemi qui recule, effaré. Mais d'autres arrivent, et d'autres encore. Et vient le moment où tous les chrétiens sont tombés. Guillaume est seul. Il parcourt comme un fou tout le champ de bataille.

Il voudrait regagner Orange, les Sarrasins lui coupent la retraite. Il leur échappe par miracle. Et maintenant, il erre par la morne plaine. Le vent du soir fait lever le sable, qui, comme un nuage, le cache à ses poursuivants. Il est là, seul parmi les morts, et son regard cherche les amis et les parents, et l'enfant si cher et si tôt disparu.

★

Le comte Guillaume vient d'apercevoir Vivien agonisant et, plein de douleur et de rage, il lance son cheval vers lui. Il arrive à la fontaine auprès de laquelle, sous un arbre, Vivien s'est étendu. Son corps et son armure sont couverts de sang; son visage et son casque flamboient; à côté de lui, il a couché son épée.

– Hélas! s'écrie Guillaume, que mon cœur est rempli de douleur! Vivien, mon neveu, depuis que Dieu créa Adam, aucun homme n'eut jamais ta vaillance et te voilà maintenant tué par les Sarrasins. O terre, entrouvre-toi et engloutis-moi, car jamais je ne retournerai à Orange et jamais je n'oserai revoir Guibourc, ma femme.

Ainsi le comte Guillaume se lamente et pleure. Il jette les yeux sur Vivien qui gît couvert de sang.

– Hélas! Vivien, mon neveu, que sont devenus ton corps si vaillant, ta prouesse, ton audace et ton aimable beauté? Jamais tu ne te vantais de tes exploits, car tu étais humble et doux. C'est contre les païens que tu savais montrer ta hardiesse et ton courage : sans craindre leurs rois ou leurs émirs, tu as tué plus de Sarrasins qu'aucun homme de notre temps et tu meurs, beau neveu, pour n'avoir jamais fui ni reculé d'un pas devant eux. Hélas! que ne suis-je arrivé auprès de toi quand tu étais encore vivant! Tu aurais pu communier avec le pain consacré que je porte et recevoir le vrai corps de Dieu. Daigne cependant, Seigneur, admettre son âme au Paradis, car c'est en combattant pour toi que ce brave chevalier est mort aux Aliscans.

La tête dans les mains, le comte Guillaume laisse couler de tendres pleurs.

– Vivien, mon neveu, poursuit-il, que sont devenues ta jeunesse et ta force? Hélas! Guibourc, ma femme, quand vous apprendrez la mort de Vivien, votre cœur souffrira comme s'il était percé de mille traits et peut-être même éclatera-t-il dans votre poitrine.

Chancelant de douleur, le comte Guillaume baise les joues sanglantes de Vivien; il se penche sur sa poitrine, met ses deux mains sur son cœur, et soudain, il sent la vie qui y bat encore faiblement.

– Vivien, mon neveu, quand je t'ai armé chevalier dans mon palais, je t'ai donné cent casques et cent boucliers, je t'ai donné de la pourpre, des manteaux, des robes, des selles et des armes; Vivien, mon neveu, je t'en prie, parle-moi, Vivien, parle à ton pair.

Et le tenant sous les aisselles, le comte l'embrasse : ses pleurs coulent et ses plaintes et ses regrets s'exhalent tendrement.

– Vivien, mon seigneur, qu'est devenue ta beauté? Les Sarrasins et les Esclavons t'ont tué : ton pauvre corps n'est plus que plaies et que lambeaux. Tu avais juré à Dieu de ne jamais reculer devant les païens au cours d'une bataille, fût-ce de la longueur d'une lance. Beau neveu, tu n'aurais point survécu longtemps à ton serment. Hélas! les Sarrasins vivront désormais en paix! Ils ne redouteront plus nul chevalier, ils ne perdront plus un seul pouce de leur terre, puisqu'ils seront délivrés de moi et de tous les barons que j'ai tant aimés.

Le comte Guillaume souffre si profondément qu'il perd connaissance.

Quand il reprend ses sens, il regarde aussitôt

son neveu. Vivien a levé un peu la tête : il pousse un léger soupir.

– Dieu, s'écrie Guillaume, mes vœux sont exaucés. Beau neveu, par charité, dis-moi si tu vis encore!

En disant ces mots, il entoure Vivien de ses bras.

– Oui, mon oncle, je vis, reprend Vivien, mais je suis bien faible et mon cœur est rompu.

– Beau neveu, parle-moi franchement : as-tu goûté dimanche au pain consacré par un prêtre?

– Je n'en ai point goûté, mais Dieu ne m'a pas abandonné puisque vous êtes venu à moi.

Guillaume porte la main à son aumônière et il en retire du pain bénit, consacré sur l'autel de Saint-Germain.

– Prépare-toi, Vivien, à te confesser à moi de tous tes péchés, car je suis ton oncle et tu n'as nul parent plus proche, sauf Dieu, le souverain de toutes les créatures. Au nom du Seigneur, je serai ici ton chapelain, car je veux être ton parrain à ce baptême céleste.

– Sire, j'ai grand besoin que vous appuyiez ma tête sur votre poitrine. Oui, en l'honneur de Dieu, faites-moi goûter de ce pain pour que je puisse mourir aussitôt, mais hâtez-vous, mes forces m'abandonnent.

– Hélas! reprend Guillaume, que ces paroles me déchirent le cœur! J'ai perdu tous mes barons, j'ai perdu tout le bon grain de ma race : il ne m'en reste plus que la paille et le chaume.

Sans rien cacher de ce qui lui revient en mémoire, l'enfant Vivien commence sa franche confession.

– Une chose me préoccupe et m'afflige sans cesse, dit-il à Guillaume. Le jour où je portai les armes pour la première fois, je fis le serment à Dieu, en présence de mes pairs, de ne jamais fuir devant les Sarrasins ou devant les Esclavons et de ne jamais reculer dans les batailles, mort ou vif, fût-ce de la longueur d'une lance. Hélas! en ce jour une bande de Sarrasins m'a fait reculer au cours de la mêlée et je crains de n'avoir plus observé mon vœu.

– Ne craignez rien, mon neveu, lui répond Guillaume, et il lui fait goûter du pain sacré et communier avec le corps du Seigneur.

Sans forces, Vivien bat encore sa coulpe et prie son oncle de saluer Guibourc, sa tante. Son regard se trouble, ses couleurs changent, ses yeux se fixent sur le gentil comte Guillaume qu'il veut saluer de la tête une dernière fois. Mais son âme s'envole et monte au Paradis, où Dieu la fait entrer pour y demeurer avec les anges.

Devant le corps de Vivien, le comte Guillaume ne retient plus ses larmes. Comme il ne peut emporter le cadavre de l'enfant à travers la bataille, il le couche doucement entre deux larges boucliers.

Guillaume demeure toute la nuit auprès de l'arbre qui abrita les derniers moments de Vivien et il y veille le cadavre de son neveu. Quand l'aube paraît, il se résigne, tristement, à abandonner les restes de Vivien et il reprend le chemin d'Orange.

Sur sa route, il est exposé aux plus grands dangers et lutte contre quinze chefs sarrasins. Vainqueur du païen Aérofle, il s'empare de son cheval, revêt son armure et ainsi déguisé, après avoir bataillé contre des milliers de Sarrasins qui l'ont reconnu, il arrive blessé, épuisé, hors d'haleine, sous les murs fortifiés de sa ville d'Orange.

★

Le comte Guillaume s'approche de la porte, appelle le portier et lui crie d'une voix forte :

– Ouvre-moi la porte, frère, fais tomber le pont-levis sans tarder, car les Sarrasins me poursuivent.

En entendant ces appels, le portier monte à la tourelle et dévisage Guillaume, mais il ne reconnaît ni son cheval, ni l'enseigne de sa lance, ni son casque, ni son bouclier. Il le prend pour un ennemi qui veut s'introduire dans Orange par traîtrise et lui dit :

– Allez arrière, par saint Jacques. Car si vous approchez, j'assènerai sur votre casque un tel coup que vous en tomberez de cheval. Allez arrière, traître et félon, car Guillaume va bientôt revenir d'Aliscans. M'aviez-vous donc pris pour un paysan crédule ?

– Ne te trouble pas, ami, lui répond le comte. Je suis Guillaume, le marquis au fier visage qui partit en Aliscans pour venger son échec et secourir Vivien. Hélas ! là-bas, j'ai perdu tous mes hommes et toutes mes ressources. Ouvre-moi la porte, ami : je suis Guillaume, n'en doute point.

– Attendez un peu, dit le portier, et descendant de la tourelle, il appelle Guibourc :

– Hâtez-vous, gentille comtesse : un chevalier armé, à la haute stature, aux bras ensanglantés, tout couvert d'armes païennes, est dehors, qui se dit Guillaume au Court Nez. Au nom de Dieu, dame, courez vite le voir.

En entendant ces mots, Guibourc sent son sang se figer. Elle accourt sur les remparts crénelés qui dominent les fossés :

– Vassal, que demandez-vous? crie-t-elle à Guillaume.

– Dame, ouvrez vite la porte et descendez le pont-levis, répond Guillaume. Vingt mille Turcs sont sur mes traces et, s'ils m'atteignent, c'en est fait de moi. Pour l'amour de Dieu, gentille comtesse, hâtez-vous de m'ouvrir.

– Vassal, vous n'entrerez point ici. J'y suis seule et n'ai d'autre homme pour me défendre que ce portier, un prêtre et de petits enfants, qui n'ont pas dix ans. Je suis entourée de dames qui ont le cœur plein de douleur depuis le départ de leurs maris, partis avec Guillaume au Court Nez, combattre les païens aux Aliscans. Non, vassal, je n'ouvrirai ni une porte, ni un guichet, jusqu'au jour où je verrai rentrer ici Guillaume, le gentil comte que j'aime et que je confie à Dieu.

A ces mots, Guillaume baisse la tête et laisse couler de douces larmes de pitié.

– Dame, je suis Guillaume, reconnaissez-moi, je suis Guillaume, daignez me croire.

– Vous mentez, vil païen, reprend Guibourc. Par saint Pierre, vous n'entrerez point ici avant de m'avoir montré votre figure, délivrée de votre armure.

Le comte Guillaume a grand'hâte d'entrer dans Orange, car il entend derrière lui le sol trembler sous les pas des bandes sarrasines qui le poursuivent.

– Franche comtesse, ne me faites point attendre si longuement. Voyez autour de vous toutes ces hauteurs qui se couronnent de païens.

– En vérité, dit Guibourc, vos paroles me prouvent clairement que vous n'êtes point Guillaume, car jamais je ne le vis redouter les Sarrasins. Mais par saint Pierre, je n'ouvrirai rien, que vous n'ayez débarrassé votre figure de votre casque.

– Regardez-moi donc, dame, s'écrie Guillaume, en relevant son casque vert orné de pierreries. Reconnaissez-moi et laissez-moi entrer dans Orange.

Guibourc le regarde et reconnaît ses traits. Mais soudain, elle aperçoit dans la plaine cent

Sarrasins qui conduisent en esclavage deux cents jeunes chevaliers chrétiens et trente dames au clair visage, chargés de lourdes chaînes. Roués de coups par les païens maudits, les captifs crient et implorent le secours de Dieu. Guibourc entend leurs plaintes et, indignée, elle se tourne vers son mari.

– Non, je suis bien sûre maintenant que vous n'êtes pas Guillaume le baron, dont on célébrait à l'envi le bras courageux. Si vous étiez vraiment Guillaume, vous ne laisseriez pas ces païens emmener nos gens et vous ne souffririez pas que des chrétiens fussent battus et insultés sous vos yeux.

– Dieu, dit le comte, comme Guibourc m'éprouve durement! Mais, au nom du Christ, dussé-je y laisser ma tête, j'irai combattre ces païens pour mériter son amour et pour faire triompher la loi de Dieu.

Sans perdre un instant, Guillaume remet son casque, lance son cheval au galop sur les païens. Il perce l'écu du premier qu'il rencontre, rompt son haubert et le transperce de sa lance; d'un coup d'épée, il fait voler la tête d'un autre, pourfend un troisième jusqu'à la cervelle et en étend un quatrième raide mort à ses pieds. Alors les païens abandonnent leurs prisonniers et s'enfuient épouvantés. Le comte s'élance à leur poursuite, mais Guibourc, qui a vu ses prouesses, l'arrête et se déclare satisfaite.

Le pont-levis s'abaisse, la porte s'ouvre et le comte pénètre dans la ville avec les chrétiens qu'il a délivrés et le butin qu'il a pris aux païens. Le pont-levis se relève et les portes sont refermées et barricadées à grand renfort de barres et de chaînes. Mais avant que Guillaume ait eu le temps de se débarrasser de ses armes, trente rois païens établissent leurs camps sous les murs d'Orange et font le serment de ne point lever le siège de la ville de toute l'année.

Tandis que les païens investissent Orange, brûlent et ravagent toutes les terres environnantes, Guillaume dans son palais se défait de ses armes; sa femme Guibourc lui ôte tristement son épée, son heaume et le débarrasse de son armure. Le comte a plus de quinze plaies; sous le haubert, sa chair est mutilée, ses bras sont en sang, l'eau du cœur lui est remontée aux yeux et sa figure est inondée de larmes. Guibourc voit toutes ses blessures et elle change de couleur.

– Sire, dit-elle, je suis votre très loyale épouse, mais je suis épouvantée de vous avoir ouvert la porte d'Orange. Il me semble que si vous étiez Guillaume, vous eussiez ramené avec vous vos compagnons, et le comte Bertrand au beau visage, et l'enfant Guichart au bras vigoureux, et Guielin et Gaudin de Pierrelée, et Vivien que je regrette tant. Si vous étiez Guillaume, vous eussiez ramené avec vous les barons de toute la chrétienté : les jongleurs seraient rentrés à votre suite et on eût entendu résonner maintes vielles, au milieu d'un joyeux cortège. Non, puisque vous êtes revenu seul, vous ne pouvez être Guillaume, et je demeure saisie de terreur!

– Dieu, sainte Vierge, Guibourc dit la vérité et toute ma vie sera désormais ravagée par une immense douleur. Loyale comtesse, je ne te cacherai rien : tous mes compagnons d'armes ont trouvé la mort aux Aliscans, tous ont eu la tête tranchée. Seul j'ai pu prendre la fuite et voici plus d'un jour que les Sarrasins me poursuivent.

En entendant Guillaume, Guibourc tombe à terre, inanimée. Quand elle revient à elle, elle se lamente de tout son cœur.

– Hélas, dit-elle, que mon malheur est grand.

Sainte Marie, reine couronnée, tant de jeunes gens ont péri pour moi et je suis encore vivante. Hélas, je ne pourrai jamais oublier cette peine infinie et elle durera autant que ma vie.

Dans Orange, la douleur est immense. Guibourc pleure et bien d'autres dames pleurent avec elle.

– Sire, dit Guibourc, où sont demeurés Bertrand, Guielin, Guichart, Gautier de Termes, Gérard et Guinemant? Où sont demeurés Gaudin le Brun, Joserans le Preux et Vivien le gentil combattant? Où sont demeurés tous les barons de la terre de France? Rendez-les-moi, sains, saufs et vivants.

– Dame, répond tristement Guillaume, ils sont tous morts aux Aliscans. Ils ont lutté contre cent mille mécréants en les frappant de leurs épées tranchantes. Tous ont noblement combattu, mais Vivien plus encore que tout autre, car rien ne put le faire reculer d'un pas devant les Sarrasins. Hélas! les païens débarquèrent en tel nombre de leurs bateaux que jamais nul n'en vit autant rassemblés; leurs boucliers et leurs armes couvrirent les Aliscans et nous dûmes lutter à un contre trente. Tous mes hommes sont morts, aucun n'a pu s'échapper et j'ai seul survécu, couvert de blessures, avec mon armure brisée. J'ai pu prendre la fuite, mais ne m'en blâmez pas.

– Non point, sire, mais que Jésus vous soit en aide.

Au palais seigneurial règne le désespoir et les nobles dames y pleurent leurs maris.

– Sire Guillaume, dit Guibourc, que sont devenus Bertrand, Guichart le Hardi, Gautier de Termes, Gérard le Marquis et le preux et gentil Guielin? Ont-ils aussi trouvé la mort dans cette mêlée?

– Non pas, dame; tous ces guerriers sont vivants, mais ils sont prisonniers des païens qui les ont enfermés sur leurs vaisseaux. Hélas! le hardi Vivien est mort. Je suis arrivé auprès de lui avant qu'il rendît l'âme; j'ai pu recueillir sa confession et lui donner la communion. Vivien a rendu le souffle sous les branches d'un bel arbre couvert de feuillage, à côté d'un étang, en me priant de vous apporter son dernier salut.

– Que le Christ le recueille en son saint paradis, car cette mort me fend le cœur. Mais, sire Guillaume, reprend Guibourc, il convient de se conduire avec sens et raison. Ne vous laissez point dompter par les Sarrasins, puisque votre château est campé au milieu de leurs terres. Comme vous avez encore des neveux, des parents et des amis, allez à Saint-Denis en France demander des secours à votre beau-frère, le puissant roi Louis. Allez chercher votre père Aimeri, qui vous amènera tous ses fils et son puissant lignage. Ainsi vous pourrez aller au secours de vos neveux que les Sarrasins ont faits prisonniers, pour épargner à ces jeunes gens une dure captivité au delà des mers.

– Par le Christ, répond Guillaume, nulle dame ne parla jamais plus sagement que cette comtesse.

– Sire Guillaume, continue Guibourc, ne vous mettez pas en émoi, mais allez vite en France chercher secours et aide. Quand votre père Aimeri, à la barbe fleurie, et quand votre mère Hermengarde de Pavie connaîtront votre malheur, ils convoqueront leurs beaux bacheliers, leurs riches barons et viendront sans tarder à notre secours, au milieu de ces païens maudits.

– Dieu, Sainte Marie, répond Guillaume, j'ai

réclamé si souvent l'aide de leurs armées, j'ai exposé tant de fois les guerriers de France à de rudes épreuves que mes parents ne voudront jamais croire à mon horrible malheur. Guibourc, ma femme, ma douce amie, nul en France ne croira le messager qui apportera la nouvelle de ma ruine. Si je n'y vais moi-même, personne ne viendra à mon secours, mais, par saint Pierre, je serais le plus lâche des chevaliers si je vous abandonnais dans Orange, seule et sans défense.

– Sire Guillaume, dit Guibourc en pleurant, il convient que vous alliez en France. Laissez-moi sans inquiétude dans Orange avec les dames qui m'entourent. Chacune de nous revêtira un haubert, se coiffera d'un heaume, se ceindra d'une épée et portera un bouclier au cou ainsi qu'un épieu tranchant au poing. Les chevaliers que vous avez arrachés aux païens seront là pour nous défendre, car avec eux, nous monterons sur les remparts et nous défendrons Orange contre les assauts des infidèles. Par saint Denis, je saurai me conduire en vrai soldat, et si un Sarrasin m'attaque, d'une pierre je le ferai tomber à bas de son cheval.

A ces mots, Guillaume embrasse Guibourc et,

pleins d'amour, tous deux s'étreignent longuement. Il se laisse convaincre.

– Sire Guillaume, dit la sage Guibourc, vous allez donc partir pour la France et me laisser seule, éplorée, au milieu d'une population qui me hait. Cependant, vous parcourrez une terre riante, vous y rencontrerez mainte jeune fille aux fraîches couleurs et mainte belle dame richement parée : vous m'oublierez bien vite, et l'amour vous attachera pour toujours dans ces contrées. Vous ne reviendrez point à Orange; et pourquoi reviendriez-vous, en effet, dans cette ville où vous avez toujours souffert?

Guillaume entend Guibourc, il la regarde et les pleurs lui montent aux yeux. Sa peine est si forte que ses larmes coulent sur ses joues, sur son menton, sur le fourreau de son épée. Pour consoler Guibourc, il la prend dans ses bras et l'embrasse longuement :

– N'ayez aucune crainte, dame, dit-il, et fiez-vous à ma parole. Je vous fais ici le serment que, durant tout ce voyage, je ne changerai point de chemise, ni de chausses, je ne me laverai pas la tête, je ne mangerai ni viande, ni épices, ni gâteau; je ne boirai pas de vin, mais de l'eau pure; je ne dormirai point dans des draps, mais seulement sur le cuir de ma selle. Je vous le jure : mes lèvres ne toucheront point d'autres lèvres que les vôtres et je ne connaîtrai jamais d'autres baisers que ceux que vous me donnez ici.

Guillaume embrasse tendrement Guibourc et tous deux versent des larmes. Mais, richement harnaché, Folatisse, le cheval du comte, attend son maître. Guillaume revêt son armure et monte sur son cheval.

– Sire, implore Guibourc, puisque vous m'avez épousée devant Dieu et convertie à la religion chrétienne, puisque j'ai abandonné pour vous tous mes biens, puisque vous savez combien je vous aime, ne m'oubliez point et songez à moi.

Guillaume embrasse sa femme une dernière fois, la rassurant et la confiant à Dieu et à ceux qui l'entourent. La porte s'ouvre, le comte s'éloigne fièrement, sous la garde de Dieu et de la Vierge Marie.

★

Le roi Louis est à Laon, où il mène joyeuse vie, ainsi que toute sa cour. Grâce à Guillaume, tous ses barons sont riches, ainsi que lui. Guillaume a terrassé tous leurs ennemis, et ils jouissent en paix de leur fortune.

C'est demain jour de fête, et l'animation est plus grande encore que de coutume : Louis va couronner sa femme Blanchefleur, la sœur de Guillaume. Il lui offre en dot le Vermandois.

Toute la baronnie de France est réunie, et autour du roi et de la reine, avec leur fille Aélis, l'on verra le vieil Aymeri, sa femme Hermengarde et plusieurs de ses fils.

Seigneurs et dames s'empressent aux alentours du palais, en somptueux équipage. On ne voit que manteaux d'hermine et robes brodées d'or.

Parmi cette splendeur, un homme s'approche, seul. Son cheval est maigre et paraît épuisé. Ses habits en désordre sont tachés de sang. Ses cheveux et sa barbe hirsute, son œil hagard, disent qu'il vient d'échapper à une rude bataille. Quelque guerrier pauvre et malheureux sans doute. Qui se détournerait de son chemin pour le saluer? La foule joyeuse fait le vide devant Guillaume le vaincu.

Celui-ci, les larmes aux yeux, songe aux écuyers qui se disputaient naguère l'honneur de tenir son cheval.

Il met pied à terre auprès d'un olivier. Et puis il envoie un valet prévenir Louis.

– Je suis Guillaume au Fier Bras! s'écrie-t-il à voix haute.

Et chacun l'entend, et loin d'accourir, l'on s'écarte davantage. Ses amis passent, dédaigneux, sans lui faire même l'aumône d'une parole de bienvenue. Les jeunes bacheliers le dévisagent curieusement, et se montrent du doigt le fameux protecteur de l'Empire. Ils rient, ils se gaussent de lui et du piteux état où le voilà réduit.

Guillaume se tait et ronge son frein. Mais, au fond de son cœur, s'amasse une immense colère. Louis ne s'est pas même dérangé. Et Blanchefleur, qui eût dû courir à lui en lui tendant les bras!... Il les tuera, oui, il leur tranchera la tête à tous deux!

★

Sur le trône d'or, Louis a pris place avec l'impératrice. Aymeri et Hermengarde siègent auprès d'eux. Les chevaliers et les dames en costume d'apparat remplissent la vaste salle et tout le monde rit au couple royal.

On a oublié le tragique guerrier qui, l'œil sombre et le sabre nu sous sa houppelande en lambeaux, attend son heure et rumine sa vengeance.

Or, parmi la rumeur joyeuse des chants et des rires, voici que s'élève la voix tonnante de Guillaume.

– Bénis soient mon père, ma mère, et mes autres amis. Mais Dieu punisse ma sœur à l'âme vile, et ce roi lâche qui me trahit! Par tous les saints, si mon père n'était là, il aurait déjà cessé de vivre!

Et il surgit, les yeux flamboyants comme son sabre qu'il brandit.

Le roi et la reine pâlissent. On s'entre-regarde :

– Quelle diablerie Guillaume veut-il faire?

Hermengarde aussitôt court embrasser son fils. Aymeri et ses fils l'entourent eux aussi. Alors il leur raconte, les larmes aux yeux, la grande pitié de l'armée française aux Aliscans, qu'il était vaincu, que Vivien était mort, que Guibourc restée seule défendait Orange investie.

Il se fait un grand silence. Chacun pleure un des siens. Aymeri demeure accablé. Seule Hermengarde dompte sa douleur.

– Français, s'écrie-t-elle, n'avez-vous plus de cœur? Guillaume, mon enfant, tout mon or est à toi. Retourne à la bataille. S'il le faut, je m'armerai moi-même du casque et du haubert. Ah! je suis vieille, certes, mais j'ai des trésors d'espérance!

Guillaume, possédé de rage, se tourne encore vers Louis.

– Ce jour où je t'ai moi-même couronné, tu l'as oublié, n'est-ce pas?

– Ami, je veux te satisfaire. Reçois le Vermandois.

– Quelle diablerie est-ce là? s'écrie la reine. Le Vermandois m'était promis!

– Ah! misérable, dit Guillaume, que viens-tu parler des diables? Ce sont eux qui te protègent!

» Pendant que nous souffrons, que les guerriers ont froid et meurent aux pays lointains, que t'importe? Votre vie est aussi douce et votre chère aussi délicate. Vous vous gobergez tandis que le sang coule dans nos batailles! »

Hors de lui, il saisit sa sœur par les cheveux, il arrache sa couronne, et l'aurait égorgée, si sa mère n'eût retenu son bras. Blanchefleur s'enfuit, épouvantée.

– La mer engloutisse ce démon et nous en délivre à jamais! pensent les Français tremblants.

Et Louis sent déjà le frisson de la mort.

A l'instant, la porte s'ouvre. Aélis entre, blanche et radieuse apparition. Elle embrasse Aymeri et ses oncles. Puis, voyant Guillaume et son épée nue, elle s'agenouille devant lui.

– Pitié, beau sire! dit-elle. Faites de moi tout ce qu'il vous plaira, mais, pour l'amour de Dieu, pardonnez à ma mère qui se désole, soyez en paix avec mon père. Sire, j'aime mieux mourir si je ne puis apaiser votre colère.

Alors Hermengarde unit sa voix à celle de l'enfant.

– Vois, dit-elle, le roi lui-même te promet son aide.

– Oui, oui, s'écrie-t-il, votre volonté sera faite.

Émù, cette fois, Guillaume relève l'enfant. Il l'embrasse. Il remet son épée à l'un de ses frères et, sa grande colère tombée maintenant, il demande humblement pardon à sa sœur qui s'excuse à son tour.

La paix faite, Louis, dès le lendemain, réunit cent mille hommes. Sous la conduite de Guillaume, ils vont sauver Orange et venger la défaite d'Aliscans.

Parmi les serviteurs du roi se trouvait alors un jeune homme d'une force et d'une taille peu communes. Il avait la peau sombre d'un habitant de l'Afrique.

Des marchands l'avaient vendu à Louis, mais on le disait fils de roi. Il travaillait dans les cuisines royales, où il s'abêtissait peu à peu en compagnie des petits gâte-sauce qui le raillaient et le bafouaient. Il paraissait si sot qu'on ne l'avait pas même baptisé.

Guillaume admirait sa puissante stature : Louis, en riant, le lui avait donné.

C'est ainsi que le géant Rainouart est parti pour Aliscans.

Nul ne sait encore qu'il est fils du roi Desramé : le propre frère de Guibourc!

Rainouart a fait choix, dans les forêts royales, d'un sapin tel que cent chevaliers ensemble peuvent y trouver ombrage. Il le fait abattre. Un charpentier le lui prépare. Armé de ce tinel, de cette massue digne de lui, quels ne vont pas être ses exploits!

Sans trêve ni repos, Guillaume et son armée chevauchent vers Orange. Là, Guibourc et ses compagnes se défendent avec vaillance. Armées de pied en cap, comme des chevaliers, elles repoussent tous les assauts. Quel est ce nuage de poussière qu'elles voient grossir à l'horizon? Quelque puissante armée qui s'approche, sans doute...

– Dieu! Des Sarrasins encore! Je ne reverrai plus mon époux! dit Guibourc qui se pâme.

Mais un chevalier se détache de l'armée. Il se hâte, il est aux portes de la ville.

– Dame, soyez sans crainte. Je suis Guillaume, voici les Français qui vont vous secourir.

Il soulève son heaume, elle le voit, elle vole dans ses bras.

– J'ai tenu ma promesse, dit-il. Et, longuement, il l'embrasse et l'étreint en pleurant.

De tous côtés affluent les hommes d'armes. Voici Beuves, Bernart, Aïmer le Chétif, tous les frères de Guillaume, et le vieil Aymeri lui-même, qui viennent délivrer leurs enfants, et sauver la chrétienté.

– Dieu! s'écrie Guibourc, Vivien sera bien vengé!

Cependant Rainouart est dans les cuisines, avec les valets. Il n'a pas quitté son tinel, et se dit qu'il est de lignée royale, et qu'on le verra bien, demain, à la bataille.

Guibourc l'a remarqué. Elle le considère longuement. Et puis elle l'interroge, le presse de questions : ils ne tardent pas à se reconnaître. La comtesse, émue, se tait. Mais elle lui fait don d'une épée qui lui servira contre les païens, s'il vient à perdre son cher tinel. Et lui, tout fier, s'en va dans la salle et entraîne tous les barons au combat.

C'est aux Aliscans que les païens se sont retranchés. C'est aux Aliscans qu'a lieu cette fois encore la bataille surhumaine. Là on voit Guillaume et ses frères abattre sans relâche ces monstres hideux. Là on voit surtout Rainouart, son tinel en main, délivrer Bertrand et ses cousins captifs sur les navires sarrasins. On voit Rainouart massacrer tous ses frères, et ses parents, qui refusaient de se faire chrétiens. Il faillit dans sa furie tuer son père lui-même!

Aux lueurs rougeoyantes du soleil couchant, la lutte sanglante s'est terminée. Bien rares sont les païens qui, avec le roi Desramé, ont atteint quelque navire épargné par miracle, et se sont enfuis vers leurs pays lointains.

Les Français, pieusement, ont recherché, sous le chêne auprès de la fontaine, Vivien, l'enfant glorieux qui dort de son dernier sommeil. Et tendrement, ils l'ont enseveli.

Puis, à Orange, de grandes réjouissances ont fêté le retour de l'armée victorieuse. Devant une foule immense, on a baptisé Rainouart. L'empereur lui-même a connu ses prouesses. Il lui a donné pour femme la douce princesse Aélis.

Dame Guibourc et Guillaume, enfin, sont restés seuls dans Orange délivrée. Longtemps encore ils ont pleuré Vivien, mort à la fleur de son âge. Ils ont subi bien des épreuves et plus d'un rude combat. Et, saintement, ils ont fini leurs jours en rendant grâces au Seigneur Dieu.

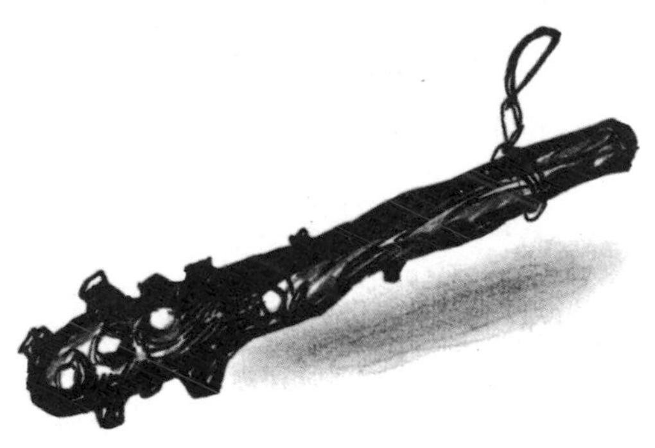

Le miracle du vicaire Théophile

'EST une légende que vous pouvez tous lire sur les pierres grises de nos vieilles cathédrales. Les vitraux vous la montrent dans tout l'éclat de leurs feux multicolores.

Je m'en vais vous la conter, et demain, vous comprendrez mieux pourquoi, au portail de votre vieille église, le moine Théophile prie si dévotement Notre-Dame Marie.

C'était en Sicile, il y a bien longtemps. L'évêque était un sage et maintenait dans tout le diocèse la concorde et l'union. Son vicaire, Théophile, l'y aidait de son mieux.

Or il advint que le vieil évêque mourut. D'une

seule voix, le peuple entier pria Théophile de lui succéder. Mais Théophile était aussi humble qu'il était pieux et sage. Il se jugea indigne d'un si haut rang.

Un autre prêtre fut donc nommé. Comme il était hautain et dur, on ne l'aima guère.

Les fidèles continuèrent à consulter Théophile en toute occasion, ce qui causait à l'évêque un grand dépit. Et il en vint à concevoir une si grande haine contre son vicaire, qu'il le chassa bientôt de toutes ses dignités.

C'est alors que le démon s'en vint visiter Théophile, et il le tenta de la sorte :

– N'es-tu pas, Théophile, un clerc très savant? N'étais-tu pas le préféré de tous les fidèles? C'est grâce à toi que fut nommé l'évêque. Et déjà te voilà déchu de ton rang. Crois-moi, il n'est pas de justice ici-bas.

» Moi seul, je peux te faire parvenir à toutes les prospérités. Vends-moi ton âme, Théophile. Tu y gagneras en ce monde puissance et richesse, qui sont les plus grands biens. »

Assurément, Théophile n'écouta point tout d'abord le diable. Il se boucha les oreilles, il le renvoya, très indigné.

Mais le démon a mille moyens de se faire entendre.

Et le pieux Théophile lui-même s'y laissa prendre. De son propre sang, il écrivit sur un beau parchemin qu'il reniait Monseigneur Jésus-Christ et la Sainte Vierge. Il scella son écrit, et le diable s'en empara.

Dès lors la fortune lui sourit. Il rentra bien vite en grâce auprès de son évêque, et celui-ci le combla de bienfaits. Les fidèles, de tous côtés, vinrent à lui, comme par le passé. On lui demandait conseil, on le comblait de riches dons.

Mais gloire et richesses ne remplacent point la paix du cœur, et Théophile l'avait perdue à tout jamais en faisant alliance avec le démon.

La nuit, il ne dormait pas, car le remords le tenaillait. Il priait alors très humblement la Vierge, sa patronne, et se repentait de si grand cœur que c'était merveille de l'ouïr.

A tel point que la Vierge entendit sa prière. Dans sa miséricorde elle intervint pour lui auprès de son divin Fils.

Pourtant, c'était péché mortel dont s'était rendu coupable Théophile. Mais si grande est la mansué-

« Le Démon s'en vint visiter Théophile... »

Page 192.

tude du Seigneur que pour l'amour de sa mère il pardonna.

Une nuit, comme de coutume, le clerc se tenait prosterné sur la pierre froide de sa cellule. Une lumière miraculeuse vint soudain en chasser l'obscurité, et Notre-Dame daigna apparaître au plus indigne de ses serviteurs.

– Renégat! Oses-tu m'invoquer, toi qui maudis le nom de ton Seigneur, et ne craignis point de faire alliance avec son ennemi?

– Madame, dit en tremblant le pauvre moine, je me suis voué aux puissances infernales, mon crime est le plus grand qui se puisse voir. Nuit et jour, j'en fais pénitence. Bien volontiers je donnerais les années qui me restent à vivre, si je pouvais ainsi racheter mon infamie.

Notre-Dame comprit que ses remords étaient sincères.

– Réjouis-toi, Théophile, dit-elle, car ton vœu sera exaucé. Il y a plus de joie au ciel pour le pécheur repenti que pour le juste qui n'a jamais erré. Étends-toi sur ta couche, et confie-toi en ma clémence.

La céleste apparition disparut, l'humble chambre redevint froide et nue.

Théophile, se couchant, ne tarda pas à s'endormir. A son réveil, un parchemin était sur sa poitrine...

Notre-Dame avait sauvé son serviteur. Elle lui rendait son âme.

Dès lors, Théophile sut qu'il lui restait peu de jours à vivre. Et sa joie était grande, car il allait pénétrer au séjour des Bienheureux.

Devant la ville assemblée, il fit pénitence publique et rendit grâce à Madame la Vierge qui, pour le sauver, avait fait un miracle. Le peuple tout entier, d'une voix, chanta les louanges de Celle qui est toute pitié et toute miséricorde.

Ayant accompli sa destinée, Théophile s'endormit saintement dans la paix du Seigneur.

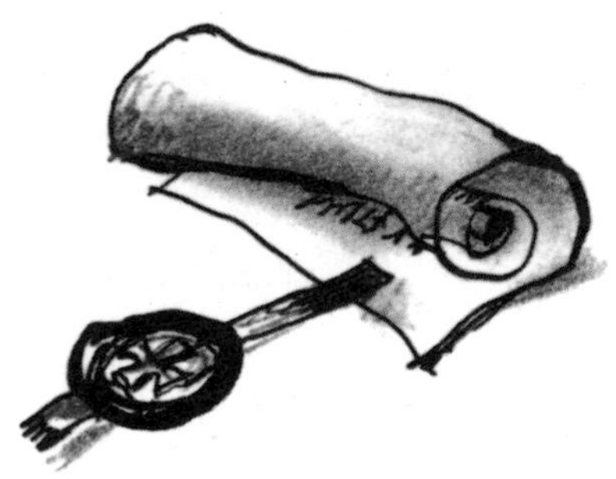

La légende de sainte Ursule

RSULE était la fille d'un roi chrétien de Bretagne, nommé Maurus. Sa beauté et sa sagesse étaient telles qu'on entendait chanter ses louanges à cent lieues à la ronde.

Alors régnait en Angleterre un très puissant souverain. Ethéré, son fils, était valeureux, beau et plein d'esprit. De loin, sans l'avoir jamais vue, il s'éprit de la petite princesse aux doux yeux et aux rares vertus.

– S'il me faut, pour lui plaire, disait-il, vaincre dans vingt tournois, apprendre à lire les manuscrits austères, ou même renoncer aux joies de la chasse, c'est avec bonheur que j'accomplirai sa volonté.

Il confia à deux envoyés son message d'amour.

– Hélas! pensa Ursule, pourquoi faut-il qu'un prince au parler si doux ignore encore le vrai Dieu? Je ne puis épouser un païen. Mais s'il plaît à mon père, je me consacrerai à son salut, et ferai de lui un chrétien.

Sur l'inspiration divine, elle conçut alors un projet aussi pieux que sage. Elle demanda au fils du roi d'Angleterre de lui donner mille jeunes filles pour compagnes, puis de lui envoyer dix autres jeunes filles dont chacune aurait également mille compagnes. Au milieu de ces onze mille vierges, Ursule emploierait trois années à se rendre à Rome, et à y obtenir du pape sa bénédiction. Cependant, le jeune Ethéré recevrait le baptême et passerait ces trois années à s'instruire dans la religion chrétienne.

Ursule craignait que tant de conditions ne rebutassent le jeune prince. A sa grande surprise, Ethéré se fit aussitôt baptiser et pria son père de satisfaire à toutes les demandes de celle qu'il souhaitait si ardemment épouser.

Bientôt, de toutes les parties du monde, les onze mille vierges affluèrent vers la capitale du roi Maurus. Des évêques se joignirent à elles pour accomplir le pieux pèlerinage. Vint aussi la reine de Sicile, sainte Gérasine. C'était la tante d'Ursule. Ayant épousé un tyran cruel, elle avait su en faire le plus débonnaire des princes. Ses quatre filles l'accompagnaient : Babille et Julienne, Victoire et Dorée. Et son petit garçon Adrien, pour l'amour de ses sœurs, se joignit à l'expédition.

Ursule et Gérasine convertirent les onze mille vierges et leur escorte. Et puis on mit à la voile vers la Gaule.

Grâce aux vents favorables, la flottille parvint en une seule journée à Cologne. La petite troupe s'éparpilla de par la ville, telle un essaim de papillons qui folâtrent, s'émerveillant des mille spectacles nouveaux pour leurs regards naïfs.

Ursule, plus grave, reposait dans sa chambre. Un ange soudain lui apparut, et parla ainsi :

– Pieuse enfant, toi que voici, solitaire et pensive, alors que tes compagnes s'ébattent et jouent, rends grâces à Dieu, Ursule, car ton nom vivra dans la mémoire des hommes. Une fois encore tu entreras dans la sainte ville de Cologne. Tu y recevras les palmes du martyre!

L'apparition s'évanouit bientôt. Ursule resta pénétrée de joie, car Dieu l'avait élue ainsi que ses onze mille vierges.

Jusqu'à Rome, le voyage est long et pénible : innombrables, les lacets de la route s'étirent vers l'horizon lointain. Bravement, les vierges se mettent en marche pour gagner la Ville Éternelle. Elles retroussent leurs cotillons, et une à une, ou par petits groupes, les voilà qui s'égaillent, sans hâte, sur le chemin qui mène à Rome.

A leur arrivée, le pape Cyriaque, entouré de ses cardinaux et de hauts dignitaires de l'Église, les attendait au seuil de sa cathédrale.

La pieuse cohorte fut grandement honorée. Ceux des chevaliers et des vierges qui n'étaient pas encore chrétiens, furent baptisés. Ursule et ses compagnes reçurent la communion.

Or, Cyriaque avait eu une vision. Il devait se démettre de toutes ses dignités et de toutes ses fonctions et suivre les onze mille vierges. Au ciel l'attendait la couronne du martyre.

Alors Cyriaque réunit tout son clergé, et lui fit connaître sa décision d'accompagner Ursule.

L'assemblée fut très indignée : un souverain pontife abandonnant ses ouailles, délaissant le trône de Saint-Pierre, et pourquoi? Pour suivre un troupeau de femmes venues des quatre coins de l'univers et dont la plupart ignoraient jusqu'aux dogmes les plus sacrés de la religion : compagnie édifiante, en vérité, ces jeunes personnes baptisées de la veille! Cardinaux et évêques se voilent la face devant une telle aberration. Assurément le Saint-Père était pris de démence!

– Détrompez-vous, mes frères, leur dit Cyriaque. Dieu m'a fait signe, et je suivrai ces femmes. Beaucoup, dites-vous, ne sont chrétiennes que d'hier. Pourtant, leur sainteté brillera dans les siècles à venir d'un plus pur éclat que toute votre science de la religion.

» En mon nom et place, j'ordonne que soit nommé notre frère Amet, dont la piété m'est connue. Recevez tous ici mes adieux. »

Consternés, prêtres et cardinaux restèrent sans voix... Mais dès le lendemain, le nom du pontife fut rayé de la liste des papes. Et le saint chœur des vierges d'Ursule demeura couvert d'opprobre.

La sainte troupe était en marche vers son destin.

Un cardinal, quelques prêtres s'étaient joints à elle.

Dans la lointaine Angleterre, Ethéré attendait sa fiancée et s'instruisait dans la religion chrétienne. Une vision d'En-Haut lui fit connaître le sort réservé à Ursule et à ses compagnons : il partit pour les rejoindre et pour subir avec eux le martyre, suivi de sa mère et de sa petite sœur Florentine.

La main de Dieu avait déjà choisi ses instruments. L'armée romaine était alors adonnée aux pratiques païennes, et ses chefs, Maxime et l'Africain, ne voyaient pas sans inquiétude l'humble troupe des vierges s'augmenter toujours de nouveaux pèlerins. Ils conçurent alors une grande trahison : ils demandèrent au chef des Huns de se porter à Cologne avec ses guerriers, afin d'y massacrer les onze mille vierges avec leurs compagnons.

Les Huns étaient des barbares très cruels. Ils s'empressèrent de suivre le conseil des chefs romains, et investirent Cologne.

Les pèlerins cheminaient, par la voie si gaîment suivie à l'aller. Ils franchirent les montagnes élevées, sur le Rhin ils retrouvèrent leurs barques.

Sous les murs mêmes de Cologne, les guerriers mécréants, tels des loups affamés sur un troupeau de frêles brebis, se jetèrent sur cette armée de jeunes filles, tuant, égorgeant, transperçant de leurs glaives les innocentes. Ethéré, le fiancé d'Ursule, mourut entre les bras de son amie. Le pape Cyriaque fut tué l'un des tout premiers, au milieu de ses évêques.

Les vierges allèrent crânement au sacrifice. Mais parmi elles on en vit, tout apeurées, qui se réfugiaient à l'arrière des bateaux, pour retarder leur agonie. Elles se serraient les unes contre les autres pour se donner du courage. Il est dur de mourir à quinze ans, même quand on a l'auréole du martyre!

Une fillette, Cordula, pensa même échapper au massacre. Toute la nuit, elle se cacha. Et puis, le lendemain, elle alla s'offrir, d'elle-même, à la mort.

A la tombée du jour, le carnage était accompli. Seule, Ursule restait vivante. Les traits empoisonnés qui pleuvaient de toutes parts, les poignards acérés, elle avait miraculeusement échappé à tout. On l'emmena prisonnière devant la tente du chef. Sa beauté resplendissait parmi les barbares comme un pur joyau dans la fange du chemin. Elle émut, un instant, le cœur farouche du roi des Huns.

Mais Ursule, avec horreur, repoussa toutes les richesses accumulées qu'il lui offrait pour la séduire. Alors, transporté de rage impuissante, le barbare, d'une flèche, lui perça le sein.

Ainsi finit le pieux pèlerinage d'Ursule et de ses compagnes. Les peintres en ont maintes fois retracé les détails. Et grâce à eux le souvenir ne mourra pas des enfants innocentes qui jadis ont offert leur vie en holocauste aux puissances du mal.

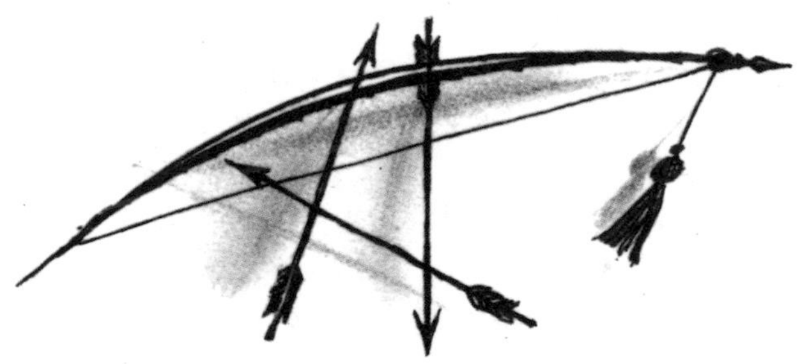

QUELQUES FABLIAUX

La housse partie

JE vais aujourd'hui vous conter l'histoire d'un riche bourgeois d'Abbeville. Cet homme avait des terres, et beaucoup de biens.

Mais il advint que tout le pays fut ravagé par la guerre. Par crainte des ennemis, il quitta sa ville avec sa femme et son jeune fils, et vint à Paris.

Ce prud'homme était sage et courtois, la dame fort enjouée, et le jeune homme n'était ni sot, ni malappris. Aussi les voisins furent-ils très heureux de les accueillir. On les tenait en grande estime. Le bourgeois faisait commerce, achetant et revendant les denrées si habilement, qu'il accrut beaucoup son bien.

Il vécut ainsi fort heureux, jusqu'au jour où il perdit sa compagne. Le jeune garçon, qui était leur seul enfant, en fut très attristé. Il parlait sans cesse de sa mère. Il pleurait, il se pâmait. Si bien que son père chercha à le réconforter.

– Beau doux fils, lui dit-il, ta mère est morte; prions Dieu qu'il ait son âme en sa merci!

» Mais sèche tes yeux, mon enfant, car de pleurer ne sert à rien. Te voilà devenu un beau bachelier, et d'âge à prendre femme. Nous sommes ici en terre étrangère, loin de nos parents et de nos amis. Si je venais à disparaître, tu te trouverais bien seul, dans cette grande ville.

» Aussi voudrais-je te voir marié. Il te faut une femme bien née, qui ait oncles, tantes, frères et cousins, tous gens de bon aloi. Certes, si j'y voyais ton bonheur, je n'y ménagerais guère mes deniers. »

Or, devant la maison du prud'homme habitait une demoiselle hautement apparentée. Son père était un chevalier fort expert au maniement des armes, mais qui avait mis en gage tous ses biens et se trouvait ruiné par l'usure.

La fille était accorte, de bonne mine, et le prud'homme la demanda à son père.

Le chevalier, de prime abord, s'enquit de sa fortune et de son avoir. Très volontiers, il lui répondit :

– J'ai, tant en marchandises qu'en deniers, mille et cinq cents livres vaillants. J'en donnerai la moitié à mon fils.

– Hé! beau sire, dit le chevalier, si vous deveniez templier, ou moine blanc, vous laisseriez tout votre bien au Temple ou à l'abbaye. Nous ne pouvons nous accorder ainsi! Non, sire, non, par ma foi!

– Et comment l'entendez-vous donc?

– Il est juste, messire, que tout ce que vous possédez, vous le donniez à votre fils. A cette seule condition, le mariage sera fait.

Le prud'homme réfléchit un temps.

– Seigneur, j'accomplirai votre volonté, dit-il. Puis il se dépouilla de tout ce qu'il avait au monde, ne gardant pas même de quoi se nourrir une journée, si son fils venait à lui manquer.

Alors le chevalier donna sa fille au bachelier.

Le prud'homme vint demeurer chez son fils et sa bru. Ils eurent bientôt un jeune garçon, aussi sage que beau, plein d'affection pour son aïeul ainsi que pour ses parents.

Douze années passèrent. Le prud'homme devenait si vieux qu'il lui fallait un bâton pour se soutenir. Comme il était à la charge de ses enfants, on le lui faisait cruellement sentir. La dame, qui était fière et orgueilleuse, le dédaignait fort. Elle le prit si bien à contre-cœur qu'enfin elle ne cessait de répéter à son mari :

– Sire, je vous prie, pour l'amour de moi, donnez congé à votre père. En vérité, je ne veux plus manger, tant que je le saurai ici.

Le mari était faible et craignait beaucoup sa femme. Il en fit donc bientôt à sa volonté.

– Père, père, dit-il, allez-vous-en. Nous n'avons que faire de vous : allez vous pourvoir ailleurs! Voilà plus de douze ans que vous mangez de notre pain. Maintenant, allez donc vous loger où bon vous semblera!

Son père l'entend, et pleure amèrement. Il maudit le jour qui l'a vu naître.

– Ah! beau fils, que me dis-tu? Pour Dieu, ne me laisse point à ta porte. Il ne me faut guère de place. Pas même de feu, de courtepointe, ni de tapis. Mais ne me jette pas hors du logis : fais-moi mettre sous cet appentis quelques bottes de paille. Il me reste si peu de temps à vivre!

– Beau père, à quoi bon tant parler? Partez et faites vite, car ma femme deviendrait folle!

– Beau fils, où veux-tu que j'aille? Je n'ai pas un sou vaillant.

– Vous irez de par la ville. Elle est, Dieu merci, assez grande, vous trouverez bien quelque ami, qui vous prêtera son logis.

– Un ami, mon fils! Mais que puis-je attendre des étrangers, quand mon propre enfant m'a chassé?

– Père, croyez-moi, je n'en puis mais, ici je n'en fais pas toujours à ma volonté.

Le vieillard a le cœur meurtri. Tout chancelant, il se lève et va vers le seuil.

– Fils, dit-il, je te recommande à Dieu. Puisque tu veux que je m'en aille, de grâce, donne-moi quelque couverture, car je ne puis souffrir le froid.

L'autre, tout en maugréant, appelle son enfant.

– Que voulez-vous, sire? dit le petit.

– Beau fils, va dans l'écurie, tu y prendras la

couverture qui est sur mon cheval noir, et l'apporteras à ton grand-père.

L'enfant cherche la couverture, prend la plus grande et la plus neuve, la plie en deux par le milieu, et la partage avec son couteau. Puis il apporte la moitié.

– Enfant, lui dit l'aïeul, tu agis laidement. Ton père me l'avait donnée toute.

– Va, dit le père, Dieu te châtiera. Donne-la tout entière.

– Je ne le ferai point, dit l'enfant. De quoi plus tard seriez-vous payé? Je vous en garde la moitié, car vous-même de moi n'obtiendrez pas davantage. J'en userai avec vous exactement comme vous l'avez fait avec lui. De même qu'il vous a donné tous ses biens, je veux aussi les avoir à mon tour. Si vous le laissez mourir misérable, ainsi ferai-je de vous, si je vis.

Le père hoche la tête en soupirant. Il médite, il rentre en lui-même.

– Sire, dit-il, rebroussez chemin. Il faut que le diable m'ait poussé, car j'allais commettre un péché mortel. Grâce à Dieu, je me repens. Je vous fais à tout jamais seigneur et maître en mon hôtel. Si ma femme ne le peut souffrir, ailleurs je vous ferai bien servir. Vous aurez toutes vos aises, courtepointe et doux oreiller.

» Par saint Martin, je vous le dis, je ne boirai de vin ni ne mangerai de bon morceau, que vous n'en ayez de meilleur. Vous aurez une chambre privée, et à bon feu de cheminée. Vous aurez une robe telle que la mienne. A vous je dois fortune et bonheur, beau doux père, et je ne suis riche que de vos biens. »

Seigneurs, la leçon est bonne, croyez-m'en. Tel qui jadis s'est dépouillé pour son enfant subit trop souvent le sort de ce bourgeois.

Le pauvre clerc

IL était à Paris un clerc fort instruit dans toutes les sciences sacrées; nul mieux que lui ne savait lire le latin. Il étudiait en Sorbonne; mais sa pauvreté était grande.

Il a peu à peu épuisé son pécule. Et puis il a vendu les chauds vêtements dont ses parents l'avaient pourvu. Il s'est défait aussi de toutes ses médailles et objets de prix. Il n'a seulement plus rien qu'il puisse mettre en gage.

Alors, bien tristement, il retourne en son pays, pleurant les beaux rêves qu'il ne réalisera jamais. Sa subsistance, durant le long voyage, il la trouve, au hasard, parfois plantureuse dans les pays où l'hospitalité est large, bien chiche souvent dans les villages où l'on dédaigne les pauvres étudiants.

Il vient à passer dans une riche bourgade. Il est tard, de tout le jour il n'a bu ni mangé. Tout rompu de fatigue, il frappe à la première porte. A la dame qui lui ouvre, il demande de l'héberger.

– Je suis seule, répond-elle, et mon maître me blâmerait fort s'il savait que je vous ai introduit dans son logis.

– Dame, je viens d'école. J'ai beaucoup marché tous ces jours. Par charité, ne m'éconduisez pas.

Mais elle, durement, fait mine de refermer la porte. D'un coup d'œil, le clerc voit dans la salle deux barils de vin, qu'un valet cache soigneusement. Sur le feu, un bon rôti est cuit juste à point, et la servante sort un gâteau tout fumant de son four.

A voir si bonne chère, l'eau lui vient à la bouche! Et le clerc insiste encore. Mais c'est peine perdue. On lui ferme la porte au nez : il faut bien qu'il s'en aille.

A quelques pas de là, il rencontre un archer, en brillant uniforme; et celui-ci entre, tout de go, dans cette maison d'où on l'a chassé. En voilà un qui va faire bombance!

Pensif, le clerc cherche à se tirer d'embarras. Mais que faire, quand on a sa science pour tout bagage?

Un prud'homme vint à passer sur la route. Justement il l'interpelle :

– Voilà un gars qui paraît bien las et penaud. Que cherchez-vous, mon brave?

– Je ne suis qu'un pauvre écolier qui a beaucoup marché et qui cherche en vain un gîte.

– Qu'à cela ne tienne! Seigneur clerc, quittez cette mine déconfite. Je vous hébergerai, moi, bien volontiers. Dites-moi, avez-vous frappé à cette porte?

– Hélas! oui, l'on m'a éconduit.

– Eh bien, retournez-y. C'est mon propre logis. Je vous y ferai bien traiter, vous pouvez m'en croire.

Ils y vont tous deux. Devant la porte, le prud'homme appelle à voix haute.

Sa femme l'entend. La voilà très effrayée. Vite, elle enferme dans un grand bahut cet homme qui venait d'entrer chez elle. Puis elle cache les fines victuailles. Enfin, elle se décide à ouvrir.

Le clerc entre avec le maître dans la maison.

– Or çà, dit le bourgeois, servez-nous à manger!

– Vous savez bien, dit la dame en maugréant, que nous n'avons rien de prêt. N'avez-vous pas tout mangé, ce matin?

Enfin, de fort mauvaise grâce, elle prépare une maigre pitance.

Tandis qu'elle s'affaire, le mari demande au clerc quelque conte ou quelque récit, afin d'attendre gaîment le repas.

Le jeune homme commence de bon cœur :

– Chemin faisant, je rencontrai un jour un troupeau de porcs; un loup qui passait se jeta sur l'un d'eux, dont la chair, certes, me parut grasse et appétissante autant que celle du rôt que je vis mijoter tantôt ici.

– Qu'est-ce à dire? s'écrie le mari. Auriez-vous donc ici un rôti tout prêt, quand vous ne nous régalez que de ces pois chiches?

Voilà ma bourgeoise bien marrie. On lui fait apporter la viande.

Cependant, le clerc continue son récit.

– Le loup s'est donc jeté, très férocement, sur la bête, et je vis le sang couler en abondance, vermeil comme ce vin que l'on rangeait tout à l'heure.

– Nous avons donc aussi du vin?

– Certes, répond la dame qui reprend de l'assurance. Voyez comme je pensais à vous!

– C'est fort bien fait, nous serons donc deux, avec le clerc, à pouvoir en profiter.

– A cet instant, reprend le clerc, je voulus abattre la bête cruelle. Je me saisis d'une pierre – grosse, tenez, comme le gâteau qu'on sortit du four, tout fumant, devant moi.

– Ma foi, nous voilà bien lotis : chair, vin et gâteau, que souhaiter de meilleur? Apportez-nous aussi le gâteau, si vous l'avez.

La dame s'exécute, et son seigneur fait de grands éloges au clerc, du beau conte qu'il leur a fait.

– Et ce n'est pas tout, ajoute celui-ci. Quand de ma pierre je menaçai le loup, ses yeux brillèrent – avec autant d'éclat, ma foi, que ceux de l'archer qui nous regarde par les fentes de ce bahut.

– Un homme est caché ici! Mâtin, nous l'allons voir. Il en sortira peut-être plus vite qu'il n'y est entré!

Et le mari, ce disant, court au bahut, l'ouvre, et en tire notre archer fort déconfit, les cheveux en désordre et ses brillants atours tout fripés et salis dans l'étroit bahut.

Il ne lui laissa guère le temps de s'expliquer. D'un maître coup de pied – appliqué au bon endroit, je vous assure – il envoya rouler le galant dans la poussière à vingt pas du logis.

Tel est pris, qui croyait prendre.

La folle largesse

IL est bon de répandre partout ses bienfaits. Mais il faut rester dans la mesure. Le sage prend garde de donner au pauvre et non au riche.

Nul ne sait ce que vaut la fortune, s'il ne connaît la peine de l'acquérir. Nous l'allons montrer tout à l'heure.

A quatre lieues de la mer demeuraient un prud'homme et sa femme. Ce prud'homme, pour tout métier, allait de jour en jour au rivage, pour chercher du sel. Avant de prendre femme, il suffisait aisément de cette manière à ses besoins; car il vendait son sel fort habilement. Aussi était-il gras et bien repu, bien chaussé et bien vêtu.

Il ne connaissait pas son bonheur! Un jour,

il lui prit fantaisie de se marier. La belle était accorte et plaisante. Mais, insouciante et gaie, elle ne songeait qu'à s'amuser.

Après les noces, il reprit son métier. Il alla à la mer, rapporta du sel, et chargea sa femme de le vendre. Elle fut enchantée de cette occupation nouvelle.

– Fiez-vous à moi, s'écria-t-elle, allez chercher le sel. Moi, je vous le vendrai si sagement que vous y gagnerez le double!

Tout joyeux à cette idée, le prud'homme la laissa faire. Tous les jours il allait à la mer. Il en revenait, moulu de fatigue. Le soir, au lieu de se reposer, il lui fallait courir la prétentaine pour distraire sa jeune femme, fraîche et dispose. Le lendemain, il se levait de bon matin pour travailler encore. Aussi je vous prie de croire qu'il ne garda pas longtemps son teint frais et sa figure réjouie!

– Qu'importe? songeait-il. Quand nous serons bien riches, je me reposerai et je mènerai la vie d'un seigneur.

Or, sa femme, au logis, chantait et riait tout le jour. Ses beaux projets étaient loin, elle ne songeait guère vraiment à vendre du sel.

Ses voisines en profitèrent. Elles vinrent la trouver, leur écuelle en main – entre voisins, faut-il pas se rendre de menus services? – et sans plus réfléchir l'étourdie leur en versa à pleins bords, les engageant à revenir. Toutes les commères du pays en firent autant. Moyennant quelques sourires et quelques compliments, elles étaient approvisionnées gratis. Le sel a si peu de prix! On ne saurait en être avare.

Mais le brave homme s'avisa un jour que le sel manquait plus souvent que jamais, et qu'il avait par contre moins d'argent. Il en fut très déçu. « D'où me vient cette perte? » songeait-il à tout moment.

Or, en rentrant un soir, il vit une voisine sortir de chez lui, cachant quelque objet sous son manteau.

– Hé! ma mie, qu'emportez-vous ainsi? demanda-t-il.

– Doux ami, j'étais allée voir votre femme Hermesant, que j'aime fort. Elle m'a prêté un peu de levain.

– Belle provision de levain que vous avez faite là! s'écria-t-il en écartant le manteau.

Une pleine potée de sel apparut.

Il laissa aller la voisine, toute confuse. Et puis, il se prit à songer : comment faire comprendre à sa femme la folie de telles largesses?

Il s'avisa, comme vous l'allez voir, d'un heureux stratagème.

Précisément, sa femme lui dit dès le retour :

– Comme vous apportez peu de sel, messire! Il m'en faudra demain bien davantage, si nous ne voulons en manquer.

– Volontiers, lui dit-il, mais, dans ce cas, vous viendrez, s'il vous plaît, avec moi, pour porter votre part du fardeau. Ce ne sera qu'un jeu pour vous! Vous verrez les champs qui verdoient, et entendrez chanter l'alouette. Le grand air vous fera plus belle que jamais.

– Oh! la bonne idée! dit-elle. C'est bien ennuyeux de rester toujours au logis. Et puis, j'allégerai votre tâche.

Il eût fallu la voir, le lendemain, dès l'aube, trottant, toute pimpante, sur les grands chemins en chantant à pleine voix. Son mari ne soufflait mot.

A la mer, ils remplissent leurs paniers, puis s'en retournent.

La dame ne tarda pas à trouver le fardeau

bien pesant. Son mari allait de l'avant, l'engageant à se hâter.

— Il n'est pas tard, dit-elle. Reposons-nous un peu.

— Allons! Allons! Vous n'y songez pas, nous n'avons pas fait encore le quart du chemin!

Elle marcha encore, mais son fardeau lui agréait de moins en moins. Si son mari n'avait été là, elle s'en serait débarrassée. Mais elle n'osait et lui cachait son ennui par orgueil. Enfin, n'en pouvant plus, elle se laissa tomber à terre.

— Que vous en semble, madame? lui dit son mari en s'arrêtant aussi. Ne me blâmiez-vous pas sans cesse de rapporter de trop petites charges? En prendrai-je désormais à ma volonté?

— Messire, je fais vœu de ne jamais plus vous faire de reproche. De tels fardeaux sont trop pesants en vérité.

Le prud'homme la déchargea de moitié. Mais, quelques pas plus loin, elle s'arrêtait encore.

« Il fallait que je sois bien folle, songeait-elle, pour croire ce que me disaient les voisines. Plût à Dieu que leur dos à chacune en supporte autant que le mien à cette heure. Qu'elles n'espèrent plus me trouver si prodigue. Par la foi que je dois au Dieu qui n'a jamais menti, elles y viendraient en vain! Combien je me sens lasse!»

Vous conterai-je par le menu ses arrêts, ses repos, ses fatigues? A minuit, ils n'étaient pas rendus. Elle se coucha, sitôt arrivée.

Hélas! le lendemain, aux premières lueurs du jour, son mari la réveillait.

– Il est l'heure! Levez-vous, et retournons au sel!

Il y alla seul. Mais la leçon était complète.

Dorénavant, plus de folle largesse. La marchande fut si avisée qu'elle achetait bientôt de ses deniers deux chevaux et une charrette. Leur commerce s'étendit par tout le pays. Ils eurent du bien au soleil, et gardèrent l'estime de tous leurs voisins.

Les trois aveugles de Compiègne

TROIS aveugles cheminaient un jour près de Compiègne. Ils étaient seuls, sans même un enfant qui pût leur montrer le chemin, et fort pauvrement vêtus. Le bâton à la main, ils allaient ainsi vers Senlis.

Un clerc qui venait de Paris en brillant équipage, qui avait écuyer et cheval de somme, et chevauchait lui-même un superbe palefroi, rencontra ces aveugles sur la route. Nul ne les menait, aucun d'eux n'y voyait goutte. Comment, se dit-il, peuvent-ils suivre leur chemin?

Or, à son approche, les aveugles se garèrent d'eux-mêmes, puis tendant la main :

– Soyez-nous charitables, dirent-ils, vous qui passez. Nous sommes misérables entre toutes les créatures. Car il est bien pauvre celui qui ne voit point.

Le clerc, qui aimait à rire, imagina aussitôt une étrange mystification.

– Tenez, leur dit-il (sans bourse délier). Voici une pistole pour vous trois.

– Dieu vous bénisse et vous ait en sa sainte garde, dirent-ils ensemble. Voilà un généreux présent !

Chacun d'eux croit que son compagnon l'a reçu.

Le clerc, qui s'est éloigné, met pied à terre et revient vite écouter les aveugles et jouir de sa ruse.

– Savez-vous, dit l'un, ce que nous ferons? Une pistole, mais c'est une fortune ! Allons faire bombance à Compiègne, la ville est bien pourvue.

– Bien parlé, dirent les autres. Allons-y de ce pas.

Donc, tout guillerets et joyeux, ils retournent vers la ville. Notre clerc les suit toujours.

Voici justement une auberge, car on entend crier le boniment :

– Ici l'on trouve le vin frais et nouveau, des viandes, du pain, des poissons. On loge à pied et à cheval. Pour qui la bonne chère?

Les aveugles entrent sans hésiter. Ils interpellent l'hôte.

– Or çà, disent-ils, qu'on nous serve rondement. Il nous plaît de voyager en habits misérables, mais nos poches sont bien garnies. Préparez-nous une bonne chambre, car nous aimons nos aises.

– Seigneurs, dit l'hôte, qui s'empresse, dans toute la ville vous ne pourriez trouver mieux qu'ici.

« Singuliers seigneurs, songe-t-il à part lui, vêtus comme des mendiants! L'on dit bien vrai, l'habit ne fait pas le moine! »

Dans la chambre haute auprès d'un bon feu flambant, on les installe, on leur apporte pâtés et chapons fins, et le meilleur vin du pays. Chacun mène grand bruit, ils s'en donnent à cœur joie jusqu'à minuit. Enfin, ils se couchent dans de bons lits moelleux, comme des chevaliers.

Le clerc demeure aussi, impatient de savoir la fin de l'aventure.

« Il se couche sur le bord de la route et fait le mort... » *Page 240.*

De bon matin, l'hôte est sur pied, il compte les dépenses de la veille avec son garçon.

– En vérité, dit-il, les pains, les vins et les pâtés ont bien coûté dix sous pour le moins. Pour le clerc, ce doit être cinq sous. Avec lui, je ne crains rien. Tandis que les trois miteux... Va donc les prier de descendre, et me payer.

Le valet obéit aussitôt.

– Qu'à cela ne tienne! disent les aveugles. Nous paierons, et largement, encore! Combien devons-nous, s'il vous plaît?

– Dix sous, messire.

– Voilà qui est juste. Nous y allons de ce pas.

Ils descendent et vont droit à l'hôte.

– Messire, nous avons une pistole. Elle nous paraît d'un fort beau poids. Rendez-nous, s'il vous plaît, le surplus.

– Volontiers, répond l'hôte.

– Que celui qui l'a reçue la donne donc! Pour moi je ne l'ai pas.

– Moi de même.

– C'est donc Robert Barbe-Fleurie?

– Par ma foi, je n'en ai mie.

– Lequel l'a donc? C'est toi?

– Ou toi?

— Faites vite ou vous serez battus, dit l'aubergiste, fort en colère. Vous ne partirez d'ici que vous ne m'ayez payé.

— Soyez sans crainte, seigneur, nous vous paierons! s'écrient-ils aussitôt.

Mais leur querelle recommence.

— Robert, dit l'un, donnez donc la pistole. Vous marchiez devant, c'est vous qui l'avez eue.

— C'est plutôt vous, qui veniez en dernier. Donnez-la, car moi je ne l'ai point.

— En vérité, on se moque de moi! dit l'hôte.

Il leur donne de bons soufflets, puis se fait apporter deux gourdins. Or, le clerc avait tout entendu de sa chambre. Et lui, dont la bourse était bien garnie, se pâmait d'aise à les entendre.

Mais, voyant la mauvaise tournure de l'affaire, il alla bien vite à l'hôte demander ce qu'il y avait et quelles choses désiraient ces gens.

— Ils ont, dit l'hôte, mangé et bu hier pour dix sols. Pour tout paiement, ils se moquent de moi. Mais je m'en vais bien les châtier. Croyez-moi, ils n'oublieront pas ma leçon!

— Mettez plutôt sur mon compte, dit le clerc : je vous devrai donc quinze sous. Il ne faut pas être dur aux pauvres gens.

– Bien volontiers, répond l'hôte; vous êtes un clerc vaillant et loyal.

Et les aveugles s'en furent, tout quittes.

Mais sachez quel habile subterfuge le clerc inventa alors.

Justement, on sonnait la messe.

– Dites-moi, l'hôte : vous connaissez l'abbé du monastère? Vous lui feriez bien crédit de ces quinze sous?

– Certes oui, dit le bourgeois.

– Eh bien, allons ensemble au monastère, le prêtre vous paiera. Dites ici que nous sommes quittes.

L'hôte donne ses ordres, et le clerc prie son valet de préparer ses bagages et son palefroi.

Ils vont au monastère. Le clerc fait asseoir son hôte dans le chœur, puis il dit :

– Je n'ai pas le loisir d'entendre toute la messe, je m'en vais dire au prêtre qu'il vous compte vos quinze sous quand les chants seront terminés.

– A votre aise, dit le bourgeois, plein de confiance.

L'abbé allait servir la messe, quand le clerc l'aborda. Il tira douze deniers de sa bourse.

— Sire abbé, lui dit-il, j'ai recours à votre saint ministère. Un excellent bourgeois chez qui j'ai logé a été pris hier soir d'une étrange maladie : il divague et paraît avoir perdu l'esprit. Je vous prie, après la messe, de lui lire tout un évangile sur la tête, afin de le guérir.

— Par saint Gilles, dit le prêtre, vous pouvez compter sur moi.

Il alla au bourgeois.

— Je le ferai, dit-il, sitôt après la messe.

Le clerc prend congé de l'abbé, et du bourgeois fort satisfait.

La messe terminée, le prêtre appelle l'hôtelier.

— Sire Nicolas, je vous prie, agenouillez-vous ici.

— Voilà qui est plaisant, dit le prud'homme. Pourquoi cette cérémonie? Or çà, payez-moi mes quinze sous.

— Il est bien fou, en vérité, dit le prêtre; au nom du Ciel, cherchons à guérir son âme.

— Voyez comme ce prêtre se moque de moi. Il me donne son livre maintenant, comme à un insensé.

— Songez à Dieu, ami. Il vous gardera de toute mésaventure.

Puis il veut lui dire l'Évangile.

– Je n'ai cure de cette affaire. J'ai de la besogne au logis, crie le bourgeois. Allons, payez-moi vite.

Il s'agite tant et si bien que le prêtre, pour en venir à bout, doit appeler tous ses paroissiens. On le tient, qui par le bras, qui par la main. Enfin, le prêtre lui met le livre sur la tête, comme il convient. De bout en bout il lui lit l'Évangile, lui met l'étole au cou, l'asperge d'eau bénite.

Quand enfin on le laisse aller, le bourgeois est trop heureux de se tenir coi. Il rentre au logis fort courroucé, mais plus honteux encore, et jurant – mais un peu tard – qu'on ne l'y prendrait plus.

LE ROMAN DE RENART

Renart et la mésange

UNE mésange se tenait sur la branche d'un chêne creux. Renart vient à passer par aventure. Il la voit, la salue bien bas.

– Ah! ma commère, soyez la bienvenue. Je vous prie, approchez, et me donnez un baiser.

– Fi donc! Renart, dit-elle, n'avez-vous point honte de toutes vos friponneries? Comment serais-je la commère d'un tel larron? Tant d'oiseaux et de biches innocentes ont eu à se plaindre de vous! Croyez-moi, avec tous vos méfaits, personne ne vous prendra plus au sérieux.

– Dame, répond le Goupil, jamais je ne fis chose au monde dont je pensai qu'elle vous pût déplaire.

» Et puis, savez-vous ma nouvelle? Notre seigneur Noble, le lion, à dater de ce jour, a déclaré la paix à tout le monde animal. La gent menue s'en réjouit fort, car partout vont cesser procès, chicanes et guerres mortelles. Et, grâce à Dieu, les bêtes, grandes et petites, seront en sécurité. »

– Renart, je crois que vous me faites là un beau conte. Cherchez-en une autre. Car, pour ma part, je n'ai nulle envie de vos baisers.

– Dame, écoutez-moi : je vous baiserai les yeux fermés. Ainsi vous n'aurez rien à craindre.

– Ma foi, dit-elle, de la sorte, je veux bien. Or donc, fermez vos yeux.

Renart ferme ses paupières... mais la mésange s'est munie d'une pleine poignée de mousses dont elle lui frotte vigoureusement le museau. Et quand il ouvre le bec pour la croquer... il ne trouve que la feuille qui lui reste après la moustache.

D'en haut, la mésange le nargue et lui crie :

– Eh bien! Renart, quelle paix est-ce là? Vous étiez prêt à rompre la trêve bien rapidement, si je n'avais reculé très vite. La paix est jurée, disiez-vous? Il faut croire qu'elle l'est bien mal!

Renart se met à rire.

— Voyons! Je plaisantais, je voulais vous faire peur. Mais qu'importe? Je vais fermer les yeux une seconde fois.

— Bon, dit-elle; mais ne bougez plus!

Le fieffé trompeur ferme encore les yeux. L'oiseau s'approche de sa gueule, l'effleure — mais se garde bien d'y entrer! Et Renart, croyant saisir sa proie, ferme ses crocs... et manque son coup.

— Que vois-je, sire Renart? dit-elle. C'est ainsi que vous tenez parole? Et vous voudriez encore que je vous croie? Le feu d'enfer me brûle si jamais j'ajoute foi à vos propos.

— Eh! vous êtes trop couarde. Je voulais vous éprouver un peu. Vous voyez que je ne m'y entends guère en trahison et félonie! Au nom de la sainte charité, belle commère, faisons la paix. A tout pécheur, miséricorde!

Elle fait la sourde oreille.

Or, voici venir soudain des veneurs, valets de chasse et sonneurs de cor. Renart change de visage. Sa queue se dresse, il détale au plus vite!

La mésange, bien en sûreté sur la haute branche, l'appelle et se moque :

— Renart, cette paix que vous disiez me

paraît bien vite rompue. Pourquoi fuir? Revenez donc ici!

Renart est trop prudent pour s'arrêter. Tout en fuyant, il la paie d'une menterie nouvelle.

— Dame, les trêves sont jurées, cautionnées, et dûment garanties; mais on ne le sait encore partout! Sans doute ces gens n'en sont-ils pas avisés.

— Comment enfreindraient-ils une paix si solennelle? Revenez donc, et me baisez.

— A cette heure, l'envie m'en est passée.

— Mais votre sire a signé la paix!...

Renart ne veut rien entendre. Il est déjà loin, il s'enfuit, et court encore.

La pêche d'Ysengrin

'ÉTAIT un peu avant Noël, au temps où l'on prépare les salaisons. Précisément cette nuit, Ysengrin le loup voulait faire une grasse provision de poissons pour l'hiver : et voilà que l'étang était gelé ! Ysengrin, très perplexe, s'assit sur le rivage, en se grattant l'oreille de sa griffe.

Renart vint à passer, et à l'instant, le tira d'embarras.

— Voyez, mon compère, la glace est brisée de ce côté. Quelques vilains sans doute y ont mené leurs bêtes. Ils y auront laissé ce seau : tout ce qu'il nous faut pour pêcher force anguilles et goujons !

— Frère Renart, dit Ysengrin, vous dites vrai. Je vous prie, attachez-moi ce seau à la queue.

Renart le mène au bord de l'eau, et le lui noue, en effet — du mieux qu'il peut, je vous l'assure.

— Surtout, mon frère, ne bougez pas, ajoute-t-il, car vous feriez fuir les poissons.

Puis il va se cacher derrière un buisson. Ysengrin reste immobile et ferme au poste.

Le froid de la nuit ne tarde guère à faire prendre de nouveau la glace qu'avaient brisée les paysans : l'eau se met à geler tout autour du seau, qui bientôt se trouve scellé dans la glace... avec la queue qui y est nouée.

Le loup essaye de se soulever, de tirer à lui le seau. Peine perdue ! Il a beau s'efforcer, rien n'y fait. Il s'inquiète et appelle Renart, car déjà l'aube paraît et il craint d'être surpris.

— Renart, dit-il, en vérité, il y en a trop. Ils pèsent tant que je ne puis les tirer hors de l'eau !

— Eh ! l'ami, qui trop convoite risque de perdre tout !

Voici l'heure du matin, le soleil se lève. Partout les chemins apparaissent, blancs de neige. C'est le moment où s'éveille messire Constant, le riche métayer qui demeure auprès de l'étang, avec toute sa maisonnée joyeuse. Il sonne du cor, appelle ses chiens, et commande qu'on selle son cheval.

Maître Renart aussitôt court se mettre à l'abri dans sa tanière. Ysengrin, tout seul, reste sur la glace, à tirer et à s'escrimer après ce seau, trop bien scellé vraiment!

Tandis qu'il se débat, un jeune garçon passe non loin de là. Il l'aperçoit et s'effraie :

– A moi! crie-t-il. Au loup! A l'aide! A l'aide!

Les veneurs l'entendent et sortent de la maison avec tous leurs chiens. Voilà Ysengrin bien mal en point! Constant arrive derrière eux, au grand galop de son cheval.

Les valets de chasse découplent les chiens, ils s'attaquent au loup qui se hérisse et se met en défense. Les veneurs excitent leurs bêtes, et Ysengrin se bat de son mieux, jouant des dents, puisqu'il n'a d'autre ressource. Certes, il aimerait mieux faire la paix! Sire Constant a tiré l'épée et, pour mieux le frapper, descend à pied au milieu de la glace. Il l'attaque par derrière : son coup a manqué, il glisse et tombe à la renverse. Blessé, il se relève à grand'peine, mais, plein d'ardeur, retourne à la lutte : c'est là un fier combat!

Le second coup ne lui est guère plus favorable : il a voulu frapper la tête – son épée glisse, et c'est la queue qu'il lui a coupée tout au ras! Voilà Ysengrin délivré. D'un bond, il s'écarte de ses ennemis. Puis il leur fait face et ne les quitte qu'il n'ait laissé à chacun une cruelle morsure.

Hélas! en gage, il leur a laissé sa queue. De chagrin il souffre et se désole : à peu que son cœur ne crève de douleur!

Maintenant, il n'y peut mais. Il s'enfuit droit vers les bois à toute allure. Il échappe aux chiens, qui sont las et recrus de fatigue après la rude bataille. Mais comme il hait Renart qui l'a déshonoré! Il faudra qu'il se venge.

Renart et les marchands de poisson

'EST à l'époque où le doux temps d'été prend fin, remplacé par la saison d'hiver. Renart alors retourne en son logis. Mais il a épuisé ses provisions. Il n'a plus rien pour se réconforter, ou pour assurer sa subsistance.

Dans ce pressant besoin, il se met en campagne. Cherchant aventure, il arrive à un chemin : quelle est cette carriole qu'il entend approcher? Ciel! Ce sont des marchands qui apportent de la mer toute une cargaison de poissons grands et petits, anguilles, lamproies, qu'ils vont vendre à la ville prochaine.

Il faut que Renart ait trouvé quelque ruse nouvelle, car ses yeux brillent d'envie!

Il se couche sur le bord de la route et fait le mort. Il ferme les yeux, serre les dents et retient son souffle – fut-il jamais pareille trahison?

Il reste ainsi, gisant. Soudain, un des hommes l'aperçoit, il appelle son compagnon.

– Par ma foi, c'est un goupil qui gît là sur ce gazon!

– Oui, certes, et je crois que, cette fois, nous tenons son pelage!

Les deux marchands courent à Renart qu'ils trouvent les quatre pattes en l'air : ils le tournent, le retournent, estiment son dos, et puis sa gorge. L'un dit qu'il vaut trois sous. Et l'autre aussitôt :

– Au marché, on nous en donnera quatre sous pour le moins! Nous ne sommes guère chargés. Jetons-le sur notre charrette.

Chemin faisant, les deux compères se vantent à l'envi leur proie; ce soir même, ils le dépouilleront. Ils rient d'aise à cette seule pensée!

Renart les entend, mais ne s'en soucie guère. Il y a loin de la coupe aux lèvres! Il s'aplatit parmi les paniers, ouvre l'un avec ses dents, et y trouve trente harengs qu'il avale sans se faire prier. Du second, il tire trois paquets d'anguilles qu'il charge sur son dos. Puis, au moment propice, calculant bien son élan, il saute au milieu de la route, et, tout goguenard, prend congé de ses hôtes.

– Dieu vous garde, bonnes gens ! Et partagez-vous mes restes !

Les marchands s'ébahissent fort de l'entendre. Ils s'avisent un peu tard qu'avec Renart on ne saurait trop se méfier.

Et tandis qu'ils se lamentent, le rusé compère s'empresse de prendre le large.

Il arrive, tout courant, à son manoir. Sa famille l'attendait en grande impatience ; car de longtemps ils n'avaient rien eu sous la dent. Hermeline, sa douce moitié, va la première à sa rencontre ; puis les deux frères, Percehaie et Malebranche, se jettent au-devant de leur père qui s'en vient, gras et repu, les anguilles au cou. Il ferme la porte derrière lui – par précaution, à cause des anguilles ! Ses fils lui font un bel accueil, lui lavent les pieds avec déférence.

Puis ils écorchent les anguilles, les coupent en tronçons, font des broches à l'aide de menues branches de coudrier, et les mettent bien vite à cuire.

★

Tandis que les poissons rôtissent, voici venir monseigneur Ysengrin, qui erre depuis le matin, en quête d'un morceau qu'il puisse se mettre sous la dent. Alléché par le fumet – parfum qu'il n'a point coutume de sentir, – il s'en lèche voluptueusement les babines. Volontiers, à cette heure, il eût servi à la table de Renart, son vieil ennemi, si seulement il lui voulût ouvrir sa porte.

Il cherche à voir par la fenêtre d'où vient cette odeur merveilleuse. Comment pénétrer au dedans? Par prière et amour? Renart n'est pas de si bon cœur. Il rôde, il s'éloigne, il s'approche, mais ne trouve nul moyen de mettre le pied au logis.

Faute de mieux, il se décide à implorer des bonnes grâces de Renart un morceau, petit ou gros.

– Seigneur, ouvrez-moi votre porte! Je vous apporte de bonnes nouvelles.

Pas de réponse. A bout de forces, Ysengrin supplie :

– Ouvrez, beau sire!

Et Renart de rire sous cape, et de s'enquérir :

– Qui êtes-vous?

– Qui je suis?

– Qui est là? dis-je.

– Mais c'est votre compère!

– Ma parole, je croyais que c'était un voleur!

– Eh! non, dit Ysengrin. Ouvrez bien vite!

– Il vous faudra d'abord attendre que les moines aient fini leur repas.

– Comment donc, vous hébergez des moines?

– Oui, certes, et même des chanoines, de l'ordre de saint Benoît, pour ne vous rien celer.

– Au nom du Seigneur, dites-vous la vérité?

– Par sainte Charité, je vous le jure!

– Eh bien! accordez-moi votre hospitalité.

– Est-ce donc pour mendier que vous venez ici?

– Que nenni! je voulais seulement avoir de vos nouvelles. Mais, dites-moi : de quelle chair mangent vos moines?

– Je vous le dirai volontiers : des fromages mous et des poissons, selon le commandement de saint Benoît.

Ysengrin cherche un moyen de contenter son appétit.

– Le poisson, dit-il, est-ce une bonne viande? Donnez-m'en vite un morceau, ne fût-ce que pour y goûter.

Renart le trompeur va chercher deux menus morceaux qui rôtissaient. Il mange l'un, et apporte l'autre au loup qui attend devant la porte.

– Dites-moi, compère, si je vous nourris par charité, vous pourrez bien vous faire moine, il me semble?

– Il se peut, dit Ysengrin. Mais la pitance, beau doux maître, baillez-la-moi bien vite!

Renart enfin lui donne le morceau qu'il engloutit aussitôt.

– Que vous en semble? dit Renart.

Le loup frémit, tremble, brûle de convoitise.

– Sire Renart, donnez-m'en un seul morceau encore, et j'entre dans votre ordre.

– Si vous vous faisiez moine, dit Renart, il est bien sûr que le seigneur vous choisirait, avant la Pentecôte, comme abbé ou prieur!

– Ne vous moquez-vous point?

– Je ne saurais, beau sire. Je vous le jure par ma tête, il n'y aurait si beau moine dans toute l'Église!

– Mais aurais-je beaucoup de poisson?

– Autant que vous en pourriez manger. Faites-vous donc couper le poil, raser et tondre votre barbe.

A l'idée qu'on doit le raser, Ysengrin fait assez grise mine. Mais qu'importe, après tout? Le poisson vaut qu'on se fasse tondre.

– Attendez seulement que l'eau soit chaude, dit Renart.

Il met l'eau sur le feu, la fait bouillir, puis dit au loup de passer la tête par une fente qu'il lui montre. Ysengrin allonge le cou... et Renart – c'est une mauvaise bête, assurément! – lui jette l'eau bouillante sur la nuque.

Ysengrin tout échaudé secoue la tête, et rechigne, et fait très vilaine grimace. Il fait un saut en arrière.

– Renart, je suis mort! En vérité, vous m'avez trop bien servi!

Renart est tout joyeux de sa plaisanterie. Il rit tant, qu'il s'en tient les côtes.

– Sire, je vous ai servi ainsi qu'on fait à tout le couvent.

– Je crois que tu mens, dit le loup.

– Non pas, sire, ne vous déplaise. Il convient que cette première nuit vous soyez à l'épreuve; le saint ordre nous le commande.

– Eh bien! dit Ysengrin, je ferai tout ce qui convient à l'ordre.

Renart a tant fait qu'il l'a pour cette fois complètement assotté. Par une brèche qu'il y a dans la porte, il l'a rasé, et de si près, qu'il ne lui est resté ni cuir, ni poil.

Ysengrin, pour lors, a compris qu'on le jouait, et, tout penaud, s'en est allé cacher sa disgrâce au plus épais des fourrés.

Le procès de Renart

SA Majesté, très haut et très puissant seigneur Noble, le roi des animaux, tient aujourd'hui cour plénière. Selon la coutume, tous ses sujets, grands et petits, doivent s'y rendre, et c'est là que justice leur est faite.

Au jour de l'Ascension, comme il se doit, toute la cour s'est réunie. Seul parmi ses compères, Renart manque à l'appel. Bonne occasion, se dit-on, de le faire condamner par le seigneur lion, pour toutes ses friponneries et ses méfaits!

Ysengrin, le bon apôtre, est des premiers à demander justice. Le malin Renart ne l'a-t-il pas bafoué plus que personne? Il est si sot qu'il n'a jamais pu prendre sa revanche!

Mais voici venir à pas lents un funèbre cortège. Chantecler, le coq, et Pinte, la poule aux œufs savoureux, mènent le deuil. Leurs compagnes Noire, Blanche et Roussotte répandent des torrents de larmes sur le char mortuaire où gît Dame Copée, leur tendre amie. Renart, son meurtrier, non content de la mettre à mort, lui a brisé la cuisse et arraché une aile.

Pinte et ses compagnes éplorées se prosternent devant l'assemblée.

– Pour Dieu, gentilles bêtes, chiens, loups, tous tant que vous êtes, aidez-nous dans notre malheur! Que maudit soit le jour qui me vit naître, dit Pinte. Mort, délivre-moi, puisque Renart ne me laisse point vivre! Mon père m'avait donné cinq frères; Renart les mangea tous. De par ma mère, j'avais cinq sœurs, tant poulettes que poules. Gombert du Frêne les engraissait que c'était merveille de les voir. Sur cinq, Renart ne lui en laissa qu'une!

» Et vous qui gisez en cette bière, ma douce sœur, mon amie chère, comme vous étiez tendre et grasse! Que deviendra votre malheureuse sœur?

» Renart, que le feu d'enfer te brûle! Tu nous as tant de fois effrayées et pourchassées!

» Hier matin, il a mis à mort ma sœur, sous nos yeux, et puis il a pris la fuite. Je voudrais porter plainte contre lui : bons animaux, amis chers, qui ne craindra Renart, qui me fera rendre justice? »

Chantecler, aux pieds du roi, soupire à fendre l'âme. Le lion se prend de pitié pour ce jeune bachelier : il rugit de colère. Et il n'y a bête si hardie qu'elle ne tremble à cette voix.

Couard le lièvre en eut telle frayeur qu'il eut les fièvres pendant deux jours.

— Foi que je dois à l'âme de mon père! s'écrie Noble. Dame Pinte, voilà un crime qui demande vengeance. Par le cœur et par les plaies, je ferai justice de l'homicide et du dommage. Renart n'a qu'à se bien tenir!

Ysengrin, à ces mots, s'approche. Le sournois fait mille courbettes :

— Sire, quelles nobles paroles! Quels concerts de louange célébreront une si parfaite équité! Certes, mon cœur ne connaît pas la haine, mais bien plutôt la grande pitié de cette misérable victime de Renart!

– Ami, répond le roi, j'en ai moi-même grand deuil. Mais songeons à lui rendre les derniers devoirs.

» Brun l'ours, prenez votre étole, et recommandez à Dieu l'âme de la malheureuse. Bruyant le taureau creusera la sépulture. »

Brun revêt l'étole, et le roi avec tout son conseil prend part au service funèbre.

L'enterrement eut lieu le lendemain. Sur le marbre on inscrivit le nom de la dame, et sa vie. Puis on grava cette épitaphe :

Sous cet arbre, dans la prairie
Gît dame Copée, notre amie.
Renart, ce larron, ce vampire,
Fut l'instrument de son martyre.

Qui eût vu Pinte se lamenter, maudire Renart, et Chantecler se raidir de désespoir, en eût éprouvé grande pitié !

– Empereur, dirent les barons, vengez-nous de ce brigand, pour qui nulle trêve n'est sacrée.

– De tout mon cœur, dit le roi. Brun, beau doux frère, allez trouver Renart, qu'il s'en vienne comparaître au pied de ma grandeur.

Brun se met en campagne aussitôt; il traverse toute la forêt, le voilà enfin à Maupertuis. Il est trop gros pour entrer au manoir. Donc, il interpelle de la porte notre Renart qui justement se délecte d'une belle cuisse de poulet.

– Renart, je suis Brun, le messager du roi. Or donc, sortez, et sachez ce que le roi vous mande!

Renart considère la carrure de l'ours, et puis la sienne : qu'adviendra-t-il de lui, s'il ne s'en tire par ruse? Il prend sa voix la plus suave :

– Beau doux ami, qui vous a envoyé jusqu'ici vous a mis à rude peine! Imaginez que j'allais à la cour précisément, quand j'ai été retenu par un mets admirable : je viens de déguster sept mesures de miel nouveau en rayons tout frais.

– Par le corps de saint Gilles! s'écrie l'ours, Renart, d'où vous vient tout ce miel? C'est la chose du monde la plus délectable à mon pauvre ventre. Menez-y-moi, beau très doux sire, pour Dieu, *mea culpa!*

De l'avoir si tôt berné, Renart ne se sent plus de joie.

– Brun, dit-il, si je savais trouver en vous amitié, alliance, foi que je dois à mon fils Rouvel, dès aujourd'hui je vous remplirais le ventre de ce bon miel frais et nouveau. Près d'ici, en entrant dans le bois de Lanfroi le forestier... Mais, qu'allais-je faire? Si je vous y menais aujourd'hui, je serais bien mal payé de ma peine.

– Que dites-vous là, sire Renart? N'avez-vous pas confiance en moi?

– Certes non, et pour cause!

– Auriez-vous – à Dieu ne plaise! – des reproches à me faire?

– Tant de trahisons, de félonies...

– Renart, il faut que ce soit le diable qui vous ait fait pareils contes.

– Eh bien, ami, oublions le passé. Je vous pardonne.

– Croyez-moi, c'est justice, car jamais je ne voulus vous tromper ou vous nuire.

– Je m'en remets à vous. Je n'en veux pas d'autre assurance.

Voilà mes deux compères d'accord, en route vers le bois de Lanfroi le forestier.

Renart avise un chêne : le bûcheron a commencé à le fendre, puis a enfoncé deux coins de bois dans la fente.

– Brun, dit Renart, beau doux ami, voici ce

que je t'ai promis : la ruche est dans ce chêne creux. Mangeons donc, puis nous irons boire.

L'ours, s'aidant de ses pattes de devant, met son museau dans la fente. Renart le soulève et le pousse, puis se retirant, il l'excite :

– Coquin, ouvre ta bouche! C'est tout juste si ton museau n'y touche. Fils de vilain, ouvre ta gueule!

Il le berne et le bafoue. Quant à Brun, il se donne à tous les diables, car il n'en saisit goutte. Renart arrache alors les coins de bois : voilà la tête et les pattes de l'ours coincés dans le chêne. Le malheureux est prix au piège! Et Renart en s'éloignant de le railler encore :

– Je vous y prends, cette fois, à vous goberger tout seul au lieu de partager l'aubaine! Sur la foi des traités, je vous laisse commencer, et maintenant il ne me restera ni miel, ni rayon. Il faut que vous ayez le cœur bien mauvais!

Mais voici Lanfroi, Renart s'esquive. Brun voudrait bien en faire autant! Car le paysan l'a vu et court au village en criant :

– Haro! Haro! A l'ours! Nous le tenons!

Les vilains accourent, qui portant une hache, qui une perche, un fléau ou un bâton d'épine.

Brun tremble pour son échine. Il songe, à cette approche, que mieux vaut encore perdre le museau que les attendre. Il tire, il pousse, il s'efforce, tend sa peau, rompt ses veines, si durement que sa tête éclate. Il a perdu beaucoup de sang, la peau de sa tête et de ses pattes. Nul ne vit jamais animal si immonde. Le sang lui jaillit du museau, il est écorché vif.

Ainsi s'en va le fils de l'Ourse. Il s'en va fuyant à travers bois et il échappe à grand'peine aux vilains qui le huent.

Renart s'est mis prudemment à l'abri à Maupertuis, sa forteresse. Au passage, il lui lance quelques quolibets :

– Brun, mon ami, vous a-t-il bien profité, ce miel de Lanfroi que vous avez dégusté sans moi? Votre mauvaise foi vous perdra. Mais, dites-moi, de quel ordre voulez-vous donc être que vous portez un chaperon rouge?

L'ours reste coi, tant il est abasourdi! Il reprend sa course. La terreur lui donne des ailes, car à midi il est de retour auprès du lion. Il tombe pâmé à ses pieds.

Le sang lui couvre la face. Toute la cour en est frappée de stupeur.

– Brun, dit le roi, qui t'a fait cela? On t'a bien laidement arraché ton chapeau! Et tes cuisses sont toutes déchirées!

L'ours est si épuisé que d'abord la parole lui manque.

– Roi, dit-il enfin, c'est Renart qui m'a mis en cet état.

Puis il perd connaissance.

Il eût fallu entendre alors Noble rugir, arracher sa crinière, et jurer par le cœur et par la mort.

– Brun, dit-il, Renart t'a tué. Je ne crois pas que tu puisses guérir. Mais, par le cœur et par les plaies, je t'en ferai si grande vengeance qu'on le saura par toute la France.

TABLE DES MATIÈRES

DANS LA MÊME COLLECTION (SUITE)

LE MONDE

CONTES ET LÉGENDES DES **ANTILLES,** par Th. Georgel, ill. de D. Dupuy.
CONTES ET LÉGENDES **ARABES,** par J. Corriéras, ill. de R. Péron.
CONTES ET LÉGENDES DE **BOHÊME,** par J. Slipka, ill. de M. Rudnicki.
CONTES ET LÉGENDES DE **BULGARIE,** par Bajdaev, ill. de J. Giannini.
CONTES ET LÉGENDES DU **CAUCASE,** par D. Sorokine, ill. de Reschofsky.
CONTES ET LÉGENDES DE **CHINE,** par G. Vallerey, ill. de R. Péron.
RÉCITS DE LA **CONQUÊTE DES POLES,** par C. Alzonne, ill. de J.-M. Desbeaux.
CONTES ET LÉGENDES D'**ÉCOSSE,** par Ch. Quinel et A. de Montgon, ill. de C. Dey.
CONTES ET LÉGENDES D'**ESPAGNE,** par M. Soupey, ill. de D. Dupuy.
CONTES ET LÉGENDES D'**ÉTHIOPIE,** par H. Pérol, ill. de R. Péron.
CONTES ET LÉGENDES DU **FAR-WEST,** par Quinel et de Montgon, ill. de M. Paulin.
CONTES ET LÉGENDES DE **GRANDE-BRETAGNE,** par S. Clot, ill. de Sainte-Croix.
CONTES ET LÉGENDES DE LA **GUYANE,** par A. de Bennetot, ill. de L. Marin.
C. ET LÉG. D'**HAITI,** par Ph. Thoby-Marcelin et P. Marcelin, ill. de Ph. Degrave.
CONTES ET LÉGENDES DES **HOMMES VOLANTS,** par L. Sabatié, ill. de R. Péron.
CONTES ET LÉGENDES DE **HONGRIE,** par E. Bencze, ill. de J. Giannini.
CONTES ET LÉGENDES **INCAS,** par A.-M. Lambert-Farage, ill. de R. Péron.
CONTES ET LÉGENDES DE L'**INDE,** par R. Fougère, ill. de L. Marin.
CONTES ET LÉG. DES **INDIENS PEAUX-ROUGES,** par H. Fouré-Selter, ill. de L. Marin.
CONTES ET LÉGENDES DU **PAYS D'IRLANDE,** par Ch. M. Garnier, ill. de J. Giannini.
CONTES ET LÉGENDES D'**ISRAEL,** par A. Weill, ill. de R. Péron.
CONTES ET LÉGENDES DU **JAPON,** par F. Challaye, ill. de R. Péron.
CONTES ET LÉGENDES DU **LIBAN,** par R.R. Khawam, ill. de R. Péron.
CONTES ET LÉGENDES DE **MADAGASCAR,** par R. Vally-Samat, ill. de D. Dupuy.
CONTES ET LÉGENDES DU **MAGHREB,** par M. de Régla, ill. de R. Péron.
C. ET LÉG. **DE LA MER ET DES MARINS,** par Quinel et de Montgon, ill. de J. Pecnard.
CONTES ET LÉGENDES DU **MEXIQUE,** par R. Escarpit, ill. de R. Péron.
CONTES ET LÉGENDES D'**OUTRE-RHIN,** par H. Weiller, ill. de M. Paulin.
CONTES ET LÉGENDES DU **PAKISTAN,** par S. Hassâm, A. Rassool, ill. de R. Péron.
CONTES ET LÉGENDES DU **PORTUGAL,** par G.T. Coelho, ill. de M. Rudnicki.
CONTES ET RÉCITS DU **QUÉBEC,** par G. Fronval.
CONTES POPULAIRES **RUSSES,** par E. Jaubert, ill. de M. Rudnicki.
CONTES ET LÉGENDES DU **SÉNÉGAL,** par A. Terrisse, ill. de Papa Ibra Tall.
C. ET LÉG. DE **TAHITI** ET DES **MERS DU SUD,** par Viale-Dufour, ill. de R. Péron.
CONTES ET RÉCITS DE **SIBÉRIE,** par P. Rondière, ill. de R. Péron.
CONTES ET LÉGENDES DE **SICILE,** par Quinel et de Montgon, ill. de Vayssières.
CONTES ET LÉGENDES DE **SUISSE,** par H. Cuvelier, ill. de M. Rudnicki.
CONTES ET LÉGENDES DE **WALLONIE,** par Max Defleur, ill. de C. Dey.

LITTÉRATURE

CONTES ET RÉCITS TIRÉS
DU THÉATRE DE **CORNEILLE,** par G. Chandon, ill. de R. Péron.
DU THÉATRE DE **MOLIÈRE,** par G. Chandon, ill de R. Péron.
DU THÉATRE DE **RACINE,** par G. Chandon, ill. de R. Péron.
DU THÉATRE DE **SHAKESPEARE,** par S. Clot, ill. de R. Péron.
DES **OPÉRAS CÉLÈBRES,** par D. Sorokine, ill. de R. Péron.
DES **BALLETS** ET DES **OPÉRAS-COMIQUES,** par D. Sorokine, ill. de R. Péron.

Achevé d'imprimer sur les presses de l'Imprimerie Berger-Levrault à Nancy en mars 1968
N° d'Éditeur : H. 12 432 (C. VII). – Imprimé en France – 778265-3-1968